LA PHONÉTIQUE

DU MÊME AUTEUR

Le système consonantique du français moderne. Études de phonétique et de phonologie, Lund, 1943.

Die Quantität als phonetisch-phonologischer Begriff. Eine allgemeinsprachliche Studie, Lund, 1944.

Système et méthode. Trois études de linguistique générale, Lund, 1945.

Études sur la phonétique de l'espagnol parlé en Argentine, Lund, 1950.

Le problème du classement des sons du langage, Lund, 1952.

Questions de méthode en phonétique synchronique, Lund, 1956.

Structural Linguistics and Human Communication. An Introduction into the Mechanism of Language and the Methodology of Linguistics, 2ᵉ éd., Berlin-Göttingen-Heidelberg, 1966.

Les nouvelles tendances de la linguistique, Paris, Presses Universitaires de France, 1966.

« QUE SAIS-JE ? »
LE POINT DES CONNAISSANCES ACTUELLES
N° 637

LA PHONÉTIQUE

par

Bertil MALMBERG

Professeur à l'Université de Lund (Suède)

SEPTIÈME ÉDITION MISE A JOUR

PRESSES UNIVERSITAIRES DE FRANCE
108, Boulevard Saint-Germain, PARIS
—
1968
SOIXANTE-DIXIÈME MILLE

DÉPOT LÉGAL
1re édition .. .. .. 3e trimestre 1954
7e — .. .. .. 2e — 1968

TOUS DROITS
de traduction, de reproduction et d'adaptation
réservés pour tous pays

© 1954, *Presses Universitaires de France*

INTRODUCTION

La phonétique est l'*étude des sons du langage*. C'est donc une branche de la linguistique mais une branche qui, à la différence des autres, ne s'intéresse qu'au langage articulé et non pas aux autres formes de communication organisée (langage écrit, signes des sourds-muets, signaux des marins, etc.). La phonétique ne s'occupe par conséquent que de l'*expression* linguistique et non pas du *contenu*, dont l'analyse relève de la grammaire et du vocabulaire (aspects grammatical et sémantique du langage).

Tout contact linguistique entre les hommes suppose l'existence d'un *système*, composé d'un nombre limité d'éléments, différenciés les uns des autres par des caractères précis. Les différences constantes entre les unités sont une condition nécessaire pour qu'un tel système puisse fonctionner comme moyen de communication. Les unités utilisées comme signes dans le langage parlé sont des *sons* et des *groupements de sons*, qui doivent par conséquent être différenciés de telle sorte que l'oreille humaine puisse, sans se tromper, identifier et interpréter les différences, et que notre appareil phonatoire puisse les produire de façon reconnaissable. Pour savoir parler, l'homme doit apprendre à *opposer* certains sons à certains autres.

Tout acte de parole suppose la présence d'au moins deux personnes : celle qui parle et celle qui écoute. L'une produit des sons, l'autre les entend et les interprète. La phonétique a par conséquent deux aspects : 1) *Un aspect acoustique* qui étudie la structure physique des sons utilisés et la façon dont l'oreille réagit à ces sons ; 2) Un *aspect articulatoire* ou *physiologique* qui s'occupe de notre appareil phonatoire et de la façon dont nous produisons les sons du langage. La production des sons ainsi que leur interprétation supposent l'intervention d'une activité psychique. Sans l'intelligence, aucun langage digne de ce nom n'est produit. La phonétique a par conséquent aussi à s'occuper des processus psychiques nécessaires pour la maîtrise d'un système phonétique et d'un langage organisé. Ce qui fait de la phonétique une science autonome malgré cette diversité des points de vue dont on peut l'aborder, c'est son caractère entièrement linguistique. Les autres phénomènes acoustiques — sons musicaux, bruits dans la nature, etc. — de même que les processus physiologiques dénués de fonction linguistique (bâillement, ronflement, mastication, respiration ordinaire), ne font pas partie de son domaine.

La phonétique comporte quatre branches : 1) La *phonétique générale* = l'étude des possibilités acoustiques de l'homme et du fonctionnement de son appareil phonatoire ; 2) La *phonétique descriptive* = l'étude des particularités phonétiques d'une langue (ou d'un dialecte) donnée ; 3) La *phonétique évolutive* (ou historique) = l'étude des changements phonétiques subis par une langue au cours de son histoire (la phonétique évolutive peut aussi avoir un aspect général en ce sens que l'on peut étudier les facteurs généraux qui déterminent l'évolution phonétique) ; 4) L'*orthoépie* (ou phonétique normative) = = l'ensemble des règles qui déterminent la « bonne » prononciation d'une langue. (L'orthoépie suppose l'existence d'une norme de prononciation, valable à l'intérieur d'un groupement linguistique, Etat, province, unité culturelle, groupe social.)

VALEUR PHONÉTIQUE DES SYMBOLES UTILISÉS

Cet ouvrage s'adressant à des non-spécialistes en matière de linguistique et de phonétique, nous avons voulu éviter l'usage d'une écriture phonétique spéciale. L'emploi de l'alphabet phonétique international n'est d'ailleurs même pas généralisé en France parmi les linguistes. Nous n'avons donc pas voulu donner à cette introduction élémentaire un aspect trop technique en y introduisant des signes inconnus d'un très grand nombre de nos lecteurs. Nous nous servons le plus possible de l'orthographe ordinaire des mots, en indiquant dans chaque cas le son dont il s'agit.

Pour les voyelles, nous ferons pourtant usage des symboles suivants :

i	=	le timbre de la voyelle française de	*lit* ;
ü	=	—	*lu* ;
é	=	—	*dé* ;
è	=	—	*fait, verre* ;
œ̣	=	—	*feu* ;
œ	=	—	*heure, seul* ;
ou	=	—	*fou* ;
ó	=	—	*rôle, sol* ;
ǫ	=	—	*fort, sotte* ;
a	=	—	*salle* ;
α	=	—	*pâte.*

Chapitre Premier

PHONÉTIQUE ACOUSTIQUE

Le son. — Le son consiste en *ondes* qui se propagent dans l'air à une vitesse d'environ 340 m/s (dans d'autres matières (liquides, gaz ou corps solides), avec une vitesse et une facilité qui dépendent du degré d'élasticité de celles-ci). Une onde est créée à son tour par une *vibration* (mouvement répété) qui peut être : 1) *Périodique* ou *non périodique* ; 2) *Simple* ou *composée*.

Nous choisirons comme exemple d'une vibration périodique simple les mouvements du pendule (fig. 1).

Ce mouvement peut être symbolisé à son tour par le dessin schématique suivant (fig. 2).

Le mouvement du corps vibrant de *a* à *c* est une *période* ou *vibration double* (appelé aussi un *cycle*). La distance *d-e* (la distance entre le point de repos et le point extrême atteint par le corps vibrant) est appelée l'*amplitude* de la vibration. La ligne *t* est

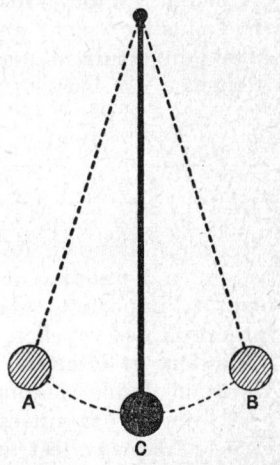

Fig. 1

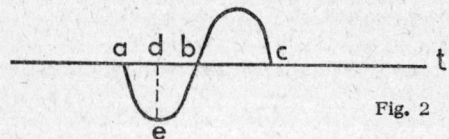

Fig. 2

l'axe des temps. Une vibration simple périodique peut donc être symbolisée par la courbe sinusoïdale suivante (fig. 3).

Chaque corps vibrant a sa *fréquence* de vibration *propre*, qui est déterminée par les qualités spécifiques du corps considéré (son poids, ou, s'il s'agit de cordes, sa tension ; s'il s'agit de cavités, son volume, sa forme et la grandeur de l'ouverture par rapport au volume). Un corps lourd vibre plus lentement qu'un corps léger, un volume gros et rond plus lentement qu'un volume petit ou mince. Plus l'ouverture d'une cavité est petite, plus la fréquence est basse. On peut donc augmenter le

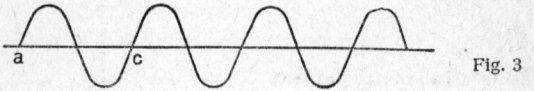

Fig. 3

ton propre d'une cavité en en diminuant le volume ou en en agrandissant l'ouverture. Nous verrons bientôt l'importance de ces lois physiques dans la formation des voyelles.

Hauteur et intensité. — La même fréquence de vibration donne toujours lieu au même ton, indépendamment des autres qualités du corps vibrant. Plus la fréquence est grande, plus le ton est haut et inversement. L'oreille perçoit les vibrations sonores selon une échelle logarithmique de telle sorte qu'une vitesse de vibration deux fois plus rapide est toujours perçue comme le même intervalle : l'*octave* de la musique. Pour notre oreille, l'intervalle est par conséquent le même entre 100 et 200 p/s (= périodes par seconde), entre 200 et 400, entre 1 600 et 3 200, etc. Tandis que la différence entre 100 et 200 p/s est perçue par l'oreille comme une octave (treize demi-tons), celle entre 1 700 et 1 800 (qui comporte le même nombre de vibrations) n'est perçue que comme un demi-ton.

Si c'est la fréquence qui est seule responsable de la hauteur du ton, c'est en principe à l'amplitude qu'est due l'intensité. Il faut se rappeler pourtant que l'intensité dépend aussi de la fréquence. Plus celle-ci augmente, plus l'intensité devient grande. On appelle *intensité physique* l'énergie sonore qui passe, en une unité de temps, à travers 1 cm^2 placé perpendiculairement à la direction du mouvement de la vibration (mesurée en *watts*). On peut donc rendre l'intensité d'une vibration quatre fois plus grande en doublant l'amplitude ou en doublant la fréquence. L'intensité physique est proportionnelle au carré des deux.

La sensibilité de l'oreille aux variations d'intensité sonore est très différente selon la hauteur du ton. Elle atteint son optimum entre environ 600 et 4 000 p/s mais diminue assez brusquement au-dessus et au-dessous de ces limites (voir fig. 4). Une fréquence de 30 p/s doit avoir une intensité physique mille fois plus grande qu'une vibration de 1 000 p/s pour donner à l'oreille la même impression d'intensité. De plus, la perception des variations d'intensité suit une loi, connue en psychologie sous le nom de *loi de Weber-Fechner*. Plus une impression acoustique est intense, plus l'augmentation doit être grande pour que l'oreille perçoive la même différence. Les différences d'*intensité subjective* acoustique sont calculées en *décibels*.

Sons composés. — La plupart des sons que nous percevons ne sont pourtant pas des vibrations simples. Quand un corps vibre, chaque partie vibre simultanément et avec une vitesse qui correspond au rapport entre la partie en question et le corps tout entier. La moitié vibre avec une vitesse qui est deux fois plus grande que celle du corps entier. Le tiers vibre trois fois plus vite, le quart quatre

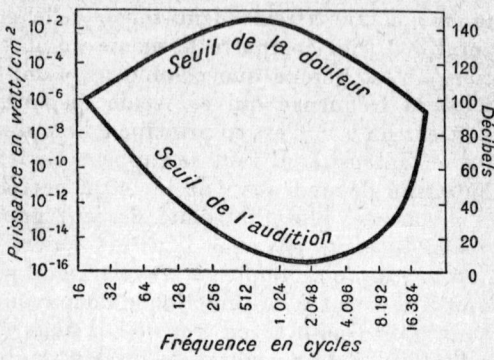

Fig. 4. — Le champ auditif de l'homme avec, *en abscisse*, les différentes fréquences depuis la limite inférieure (16 p/s) jusqu'à la limite supérieure (aux environs de 16 000 p/s); *en ordonnée*, l'intensité.

fois plus vite, et ainsi de suite. Une corde qui vibre donne par conséquent naissance non seulement au *fondamental* — qui est le ton propre de la corde entière — mais aussi à toute une série d'*harmoniques* dont les fréquences sont des multiples entiers de celle de toute la corde.

Les sons (vibrations) peuvent donc varier quant à :

1) Leur *fréquence*, c'est-à-dire le nombre de périodes par unité de temps (seconde). (La fréquence du fondamental détermine la hauteur musicale du ton.)

2) Leur *amplitude*, qui détermine en principe l'intensité du son (à condition pourtant que la fréquence soit constante);

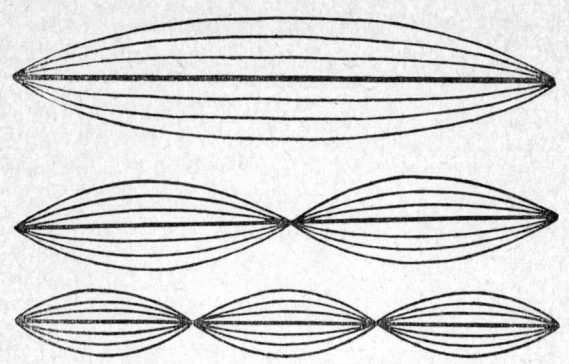

Fig. 5. — Origine des harmoniques
En haut, vibration de la corde entière
en bas, vibration des moitiés et des tiers

3) Leur *timbre*, qui est dû à l'audibilité des harmoniques.

Si deux vibrations de fréquence identique sont combinées, le résultat devient — à condition que la phase soit la même (1) — une augmentation

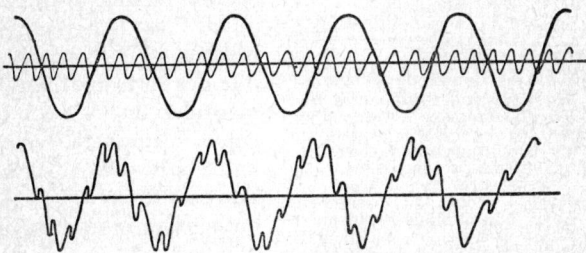

Fig. 6. — Courbe composée *(en bas)*
de deux courbes sinusoïdales *(en haut)*

(1) Tel est le cas dans notre exemple de la figure 7, où les deux vibrations commencent au même instant et ont même sens. Si, au contraire, la vibration *C* est déphasée d'une demi-période, l'amplitude de la vibration résultant de la composition sera la différence entre les

de l'amplitude, d'où un renforcement du son :

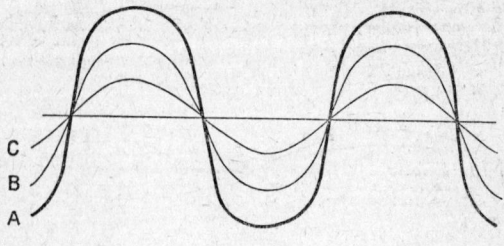

Fig. 7

L'amplitude de la vibration *A* est le résultat de la superposition des amplitudes des vibrations *C* et *B*.

Résonance. — Toute vibration tend à mettre en mouvement les corps élastiques qui se trouvent sur le passage de l'onde sonore. Si la fréquence propre du corps en question est la même que celle de la vibration, celui-ci se met à vibrer aussi. C'est là le phénomène appelé *résonance*, une des notions fondamentales de la phonétique. N'importe quelle unité vibrante (diapason, corde, cavité, etc.), qui renforce ainsi un son déjà existant, est appelée *résonateur*. Plus la

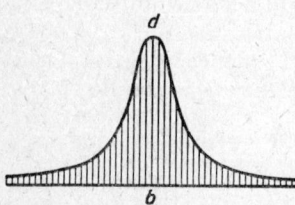

Fig. 8. — Courbe de résonance
En abscisse, les différentes fréquences renforcées à l'aide d'un résonateur, *en ordonnée* les amplitudes. L'amplitude atteint son maximum au milieu (amplitude *b-d*), puisque c'est là que se trouve la fréquence propre du résonateur. L'amplitude diminue rapidement à droite et à gauche, au fur et à mesure qu'augmente la différence entre la fréquence propre du résonateur et le ton renforcé.

deux amplitudes primitives *(opposition de phase).* Si enfin le rapport entre les deux vibrations est plus irrégulier, l'amplitude sera un compromis entre les deux et le résultat plus complexe *(déphasage).*
Voir pour plus de détails MATRAS, *Le son,* pp. 23-25.

différence est grande entre la fréquence propre d'un résonateur et la vibration en question, moins l'effet résonateur est important. Si la différence dépasse une certaine limite, le renforcement cesse de se produire.

Filtres. — Il est possible de renforcer, à l'aide de la résonance, n'importe quelle fréquence contenue dans un son complexe et, par conséquent, d'en modifier le timbre. Si l'on renforce les harmoniques hauts, on obtient un son de timbre clair. Si le fondamental ou les harmoniques bas sont renforcés, le ton devient grave. Un mécanisme construit de façon à renforcer certaines fréquences d'un son complexe en affaiblissant les autres, est appelé en acoustique un *filtre*. A l'aide de mouvements du larynx, de la langue, des lèvres et du voile du palais, nous sommes capables de modifier la forme et le volume des différentes cavités de notre appareil phonatoire et par là l'influence résonatrice qu'exercent celles-ci sur le son complexe créé dans le larynx. Nos cavités buccales et nasales forment ensemble un filtre acoustique. C'est là le principe du mécanisme de la formation des voyelles.

L'analyse acoustique d'un son complexe consiste à déterminer le nombre, la fréquence et l'amplitude (l'intensité) des vibrations qui le constituent. Une telle analyse peut se faire : 1) à l'aide d'une analyse mathématique de la courbe (selon le théorème de Fourier, qui nous enseigne que n'importe quelle courbe complexe peut être décomposée en un nombre de courbes sinusoïdales) ; 2) à l'aide d'un filtre acoustique ; ou 3) par l'oreille (pourvu que celle-ci soit capable d'isoler les tons partiels les uns des autres, ce qui exige une oreille excessivement sensible au point de vue musical). Le résultat de l'analyse peut être présenté sous forme d'un spectre qui peut avoir l'aspect suivant, avec en abscisse les fréquences, en ordonnée l'intensité (voyelles *i* et *a*) (fig. 9-10).

Les formants. — Les fréquences renforcées qui caractérisent le timbre d'un son sont appelées les *formants*. Chaque sommet du spectre (fig. 9), représente un formant. Ladite fréquence du formant est le mode de vibration du résonateur. Elle ne coïncide pas nécessairement avec une harmonique du fondamental. On est depuis longtemps d'accord pour attribuer aux voyelles du langage humain au moins deux formants qui sont ensemble responsables du timbre particulier de chaque type vocalique (*i*, *ü*, *é*, etc.). Ces deux formants ont souvent été attribués aux deux principaux résonateurs de l'appareil phonatoire : le pharynx et la bouche. On est maintenant d'accord pour voir dans la structure acoustique de la voyelle le résultat du mode de vibration du tube résonateur dans son ensemble. L'analyse acoustique des voyelles révèle aussi l'existence d'autres formants, qui, eux, ou bien contribuent à mettre en relief le timbre des types vocaliques (ainsi un troisième formant aux environs de 3 000 p/s accuse encore le timbre clair de *i* et de *ü*), ou bien déterminent les qualités secondaires des voyelles (nuances individuelles, esthétiques, etc.).

Puisque les formants — d'après la définition donnée ci-dessus du caractère acoustique desdits tons — doivent contenir des harmoniques du ton fondamental, il s'ensuit que la fréquence du formant ne peut pas toujours coïncider avec celle d'un harmonique. La fréquence du fondamental varie dans la parole d'un instant à l'autre et souvent de période à période. C'est essentiellement par là que la parole se distingue du chant, où l'on garde pendant un certain temps le même ton pour passer ensuite directement, sans glissement, à un autre. Etant des multiples du fondamental, les harmoniques suivent ces mouvements. Le formant, par contre, qui est dû aux caractéristiques du résonateur, reste à la même hauteur tant que celui-ci ne sera pas modifié. On a introduit la notion de *zone de formants* pour indiquer que le formant possède une certaine largeur. Si par exemple nous prononçons un *i* sur 150 p/s, le premier harmonique sera de 300 p/s, et c'est cette fréquence qui se trouvera à l'intérieur de la zone renforcée. Si la voyelle est prononcée sur 140 p/s, le premier harmonique sera de 280 p/s et sera donc toujours contenu dans le domaine renforcé. Si une femme, qui parle plus haut qu'un homme d'une octave, prononce un *i* avec un fondamental de 300 p/s, ce sera le fondamental même qui entrera dans cette même zone. Mais il ressort de ceci que la possibilité d'augmenter la fréquence du fondamental est limitée, si l'on veut garder le timbre caractéristique des voyelles. Avec un fondamental de 1 000 p/s, la plupart des voyelles ne sont plus prononçables. Les cantatrices qui croient prononcer des voyelles en « vocalisant », prononcent en réalité tout autre chose. La présence d'harmoniques dans la zone formantielle est nécessaire pour la réalisation du timbre vocalique.

Classement acoustique des voyelles. — En partant des résultats obtenus par l'électro-acoustique moderne, il est possible de classer les voyelles en types acoustiques. Ces types sont *grosso modo* les mêmes dans toutes les langues du monde, mais chaque langue n'utilise qu'un nombre restreint de toutes les possibilités vocaliques de notre appareil phonatoire. Selon que les deux formants principaux se trouvent au milieu du spectre (comme pour *a*, fig. 10) ou aux deux extrémités, nettement séparés l'un de l'autre (comme pour *i*, fig. 9), il est possible de parler

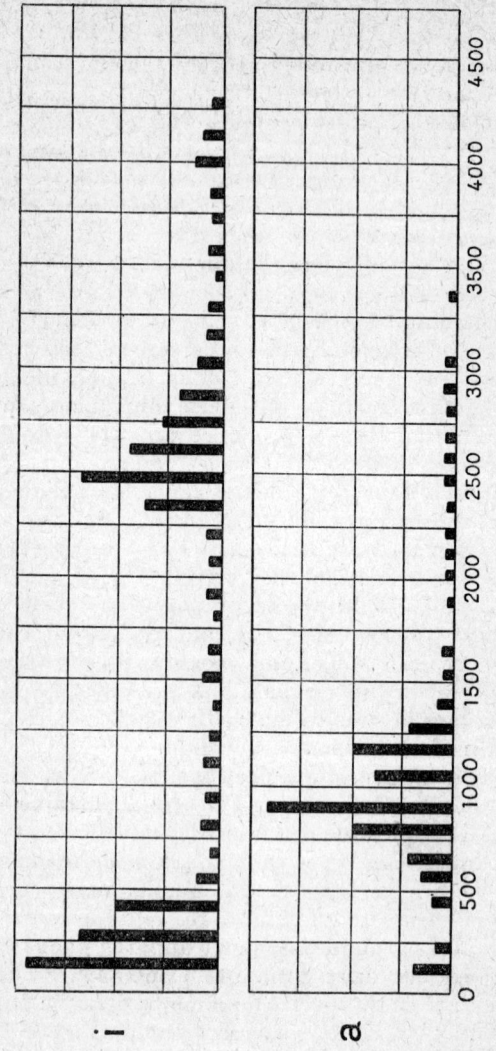

Fig. 9 *(en haut)* et 10 (D'après Fletcher.)

d'un type *compact* et d'un type *diffus*. Si l'on prononce en série les voyelles *i, é, è, a*, les deux formants se rapprochent successivement (le formant haut descend, et le formant bas monte). Si par contre nous prononçons la série *i, ü, ou*, le formant bas reste invariable, tandis que le formant haut tombe respectivement de 2 500 à 1 800 et à 800 (pour *i, ü* et *ou*). Les voyelles *i* et *ü* ont un timbre clair ou *aigu (i* est plus clair que *ü)*, tandis que *ou* a un timbre sombre ou *grave* (avec les deux formants dans le domaine bas du registre). Le type compact *(a)* occupe à ce point de vue une place intermédiaire (neutre). Tous les systèmes vocaliques du monde sont bâtis sur une double opposition entre, d'un côté *aigu* et *grave (i-ou)*, de l'autre *diffus* et *compact (i-a, ou-a)*, que nous pouvons symboliser par le triangle suivant :

Il existe des langues qui se contentent de ces trois oppositions vocaliques et qui ne connaissent par conséquent que trois voyelles. La plupart des langues ont élargi ce système, en y ajoutant des degrés

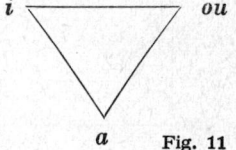

Fig. 11

intermédiaires ou des séries parallèles (ainsi en français il y a deux séries de voyelles aiguës (d'acuité différente) : *i-é-è* et *ü-œ̈-œ*).

D'après la place des deux formants sur l'échelle musicale, il est possible de grouper les voyelles dans une figure géométrique (triangle, carré, etc., selon les cas), qui, pour le français, a l'aspect de la figure 12.

Beaucoup de langues ne connaissent qu'une seule série de voyelles aiguës (par exemple l'italien, l'espagnol, l'anglais, où le type *ü-œ* manque). Tandis que le français se sert de quatre degrés dans la série verticale, il y a d'autres langues qui en connaissent moins ou davantage. Certaines langues connaissent aussi des séries intermédiaires entre aigu et grave (voyelles « mixtes », par exemple l'anglais et le suédois). Quelques langues, enfin, ont aussi deux séries de voyelles graves. Il y a peu de langues qui, comme le français, connaissent une série particulière de voyelles nasales, caractérisées par un formant spécial et par une certaine modification des autres formants par rapport à la voyelle orale correspondante (selon des recherches récentes faites par Pierre Delattre).

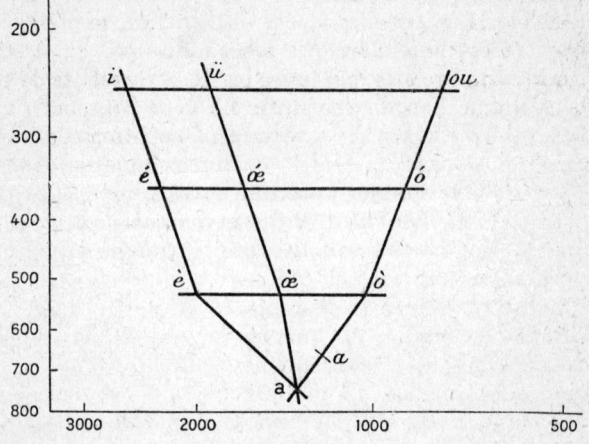

Fig. 12. — Schéma vocalique du français (voyelles orales) ; *en ordonnée*, le formant bas ; *en abscisse*, le formant haut. (D'après Pierre Delattre.)

Acoustique des consonnes. — Contrairement aux tons — qui sont des vibrations périodiques — les *bruits* consistent en vibrations non-périodiques. Tout comme les tons, les bruits peuvent être analysés (selon le théorème de Fourier) en un certain nombre de courbes sinusoïdales. Mais tandis que, dans les tons, les partiels supérieurs sont par définition des multiples entiers d'un fondamental (la fréquence la plus basse), il n'y a aucun rapport semblable entre les partiels du bruit, d'où l'impression désagréable qu'il fait sur l'oreille humaine. Le caractère acoustique du bruit est déterminé, comme celui du ton, par le nombre, la fréquence et l'intensité des partiels qui le composent. Un bruit avec prédominance de fréquences hautes a un caractère aigu, tandis que la prédominance de fréquences basses lui donne un caractère grave. Les bruits utilisés dans le langage humain sont produits par différentes modifications du courant d'air venant des poumons, qui est ou bien rétréci de façon à produire une friction, ou bien arrêté momentanément avec ouverture brusque subséquente. On sait que, si l'on ébranle, par un jet d'air — dans notre cas le courant d'air pulmonaire — l'air contenu dans une cavité, celle-ci émet un son, par un phénomène physique appelé *relancement in tempo*. C'est ce phénomène qu'on utilise lorsqu'on prononce les consonnes dites spirantes (*s*, *f*, etc.), dont le timbre est dû à la forme et au volume de la cavité dont l'air est ainsi ébranlé. Plus celle-ci est petite (courte, étroite), plus la prédominance des fréquences hautes sera grande, et plus le son émis sera aigu. C'est le bruit propre à la consonne *s* qui contient les fréquences les plus hautes (jusqu'à 8-9 000 p/s). Les fréquences du *ch* sont un peu plus basses (6-7 000 p/s). Nous sommes encore mal renseignés sur la structure acoustique de certaines consonnes, mais ce que nous savons déjà nous permet néanmoins de grouper — du moins sommairement — les consonnes en types acoustiques, comparables à ceux distingués parmi les voyelles. Ainsi, il est évident que le bruit propre au *t* s'oppose à celui du *p* par son caractère plus aigu. Le *t (d)* s'oppose à *p (b)* comme *i* à *ou*. La consonne *k* est intermédiaire (neutre) en ce qui concerne cette opposition, qui est acoustiquement une opposition entre un spectre à prédominance de fréquences hautes et un spectre à prédominance de fréquences basses. De même, *t (d)* et *p (b)* s'opposent à *k (g)* comme *i* et *ou* s'opposent à *a* : le spectre de *t (d)* et *p (b)* est diffus (comme celui de *i* et de *ou*), tandis que le spectre du *k (g)* est compact. On peut symboliser ces faits par le triangle ci-contre.

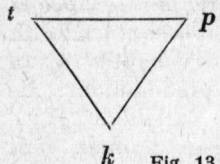

Fig. 13

Division du matériel sonore. — Il est possible, à partir de ces faits acoustiques, d'établir une division du matériel sonore du langage en *tons* (sons musicaux, consistant en vibrations périodiques) et *bruits* (sons non-musicaux, vibrations non-périodiques), division qui correspond *grosso modo* à la distinction traditionnelle entre *voyelles* (= tons) et *consonnes* (bruits). Les consonnes peuvent être des bruits purs (sans participation de vibrations pério-

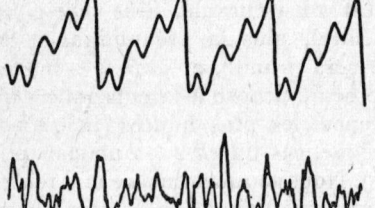

Fig. 14. — Courbes d'un son musical (vibration périodique) *en haut* et d'un bruit (vibration non-périodique) *en bas* (enregistrement du bruit d'une rue). (D'après Gribenski.)

diques) ou consonnes *sourdes* (*p*, *t*, *f*, *s* sourd, etc.), ou bien des bruits combinés avec un ton laryngien, appelés des consonnes *sonores* (*b*, *v*, *s* sonore, etc.). Il est à remarquer, pourtant, que les voyelles elles-mêmes, à en juger par les spectrogrammes acoustiques, contiennent souvent des bruits, qui sont pourtant dénués d'importance linguistique, et que, d'autre part, certains sons que nous classons traditionnellement parmi les consonnes, ont une structure acoustique qui rappelle beaucoup celle des voyelles *(m, n, l)*. Le groupement des sons du langage en voyelles et en consonnes peut être fondé sur d'autres considérations que nous étudierons plus en détail ultérieurement.

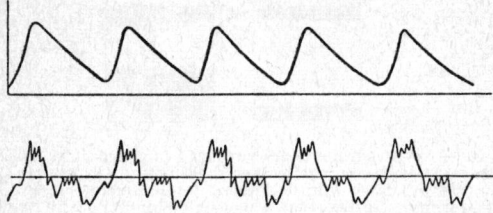

Fig. 15. — Courbe du ton laryngien *(en haut)* avant que l'effet résonateur des cavités supraglottiques se soit produit, et le même ton *(en bas)* après que certains harmoniques ont été renforcés par résonance. (D'après Olson.)

Langage visible et sons synthétiques. — Les méthodes de l'électro-acoustique moderne permettent aux phonéticiens d'analyser n'importe quel son linguistique et de présenter le résultat de l'analyse sous forme d'un spectre dont l'aspect extérieur est différent selon le mode de présentation qu'on préfère choisir. Ce spectre a pour but de nous montrer la structure acoustique du son : les partiels, leur fréquence et leur intensité. Si l'on choisit la présentation de la structure d'un son à un moment donné, on préfère donner au spectre la forme qu'on voit aux figures 9-10, avec en abscisse les fréquences, en ordonnée les intensités. Si au contraire on veut comparer plusieurs sons dans le même spectre, ou si l'on veut étudier comment le son change de caractère pendant qu'il se déroule dans le temps, on choisit les types de présentation illustrés par les figures 16 et 17. Si l'on enregistre, en les analysant, les sons d'une phrase au fur et à mesure qu'ils se succèdent dans le temps, on peut voir non seulement les différences qui existent entre les divers sons mais

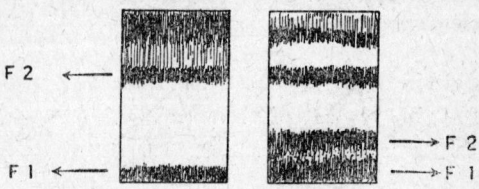

Fig. 16. — Spectrogramme des voyelles *i (à gauche)* et *ou* (voyelles anglaises). On voit que, sur le spectrogramme du *i*, les formants 1 et 2 sont très éloignés l'un de l'autre, tandis que, sur celui du *ou*, les deux formants se trouvent à peu de distance l'un de l'autre, et dans la partie basse du registre. Les formants situés dans la partie supérieure sont responsables des caractères individuels des voyelles mais n'ont pas de valeur linguistique proprement dite. (D'après Potter, Kopp, Green.)

aussi les changements de timbre qui se produisent, sans être perçus par l'oreille, au cours de l'émission d'un seul phonème, ainsi que tous les changements que les sons subissent au contact les uns des autres. Il y a toujours, entre les spectres typiques, des zones transitoires. On peut étudier d'un côté comment les consonnes influent sur les voyelles, surtout

Fig. 17. — Spectrogrammes de deux diphtongues anglaises (*ai* à gauche, *oi* /angl. *boy* /à droite). On voit comment le passage du premier élément au deuxième se fait successivement. Les formants s'éloignent de plus en plus l'un de l'autre. Il n'y a un véritable *i* que vers la fin du deuxième élément.

dans les zones limitrophes, et de l'autre comment les consonnes sont colorées par les voyelles. Les consonnes participent du timbre des voyelles qui les entourent. Un *l* devant *i* ne montre pas le même spectre qu'un *l* devant *ou* ou devant *a*. Cf. aussi les figures 46 et 47. Certains résultats récents font supposer que les modifications provoquées par les consonnes dans les spectres des voyelles facilitent beaucoup l'identification des consonnes et que, souvent, les phases transitoires seules sont suffisantes pour assurer l'identification des consonnes dont la durée est minime et dont l'intensité sonore est petite.

Puisque chaque son a son spectre propre, il est en principe possible, en se servant de filtres acoustiques, de rendre visible le langage. Celui qui connaît l'aspect du spectre pourra « lire » le son au moment où il voit apparaître ce spectre sur l'écran de l'appareil qui effectue l'analyse (voir fig. 16, 17 et 58). De tels appareils (« sonagraphes ») furent construits au début dans un but pratique, pour rendre le langage parlé accessible aux sourds-muets. C'est la fameuse méthode dite « Visible speech » (langage visible) qui, à l'heure actuelle, est le moyen d'analyse le plus précieux du phonéticien. Voir les spectrogrammes, fig. 16 et 17.

Rien n'empêche les techniciens de transformer à nouveau un tel spectre acoustique, ou une suite de spectres, en son. Il n'y a par conséquent rien non plus qui nous empêche de fabriquer un langage synthétique. Du moment qu'on connaît le spectre du son, on peut naturellement dessiner une figure identique, ou semblable, au spectre et produire du son. C'est en effet ce qui a été réalisé ces dernières années aux Etats-Unis où un groupe de techniciens et de phonéticiens — parmi lesquels un phonéticien français, Pierre Delattre, et un technicien suédois, Gunnar Fant — travaillent à perfectionner ce langage synthétique. Si l'effet obtenu satisfait l'oreille humaine, c'est la preuve que l'analyse acoustique a été bonne. Les spectres synthétiques et le son ainsi obtenu constituent donc une méthode de vérification des résultats électro-acoustiques. Il va sans dire que de tels résultats auront aussi une grande importance pour toute une série de disciplines techniques et pratiques, telles que la téléphonie et toute sorte de transmission sonore.

Chapitre II

PHONÉTIQUE PHYSIOLOGIQUE

L'appareil phonatoire de l'homme comporte trois parties : 1) *L'appareil respiratoire* qui fournit le courant d'air nécessaire à la production de la plupart des sons du langage ; 2) Le *larynx* qui crée l'énergie sonore utilisée dans la parole ; 3) Les *cavités supraglottiques* qui jouent le rôle de résonateurs et où se produisent la plupart des bruits utilisés dans la parole.

La respiration. — L'acte de la respiration comprend deux phases, l'*inspiration* et l'*expiration*. Pour l'inspiration, les cavités pulmonaires se développent au fur et à mesure que la cage thoracique se déploie, grâce à l'abaissement du diaphragme et à l'élévation des côtes. Cette augmentation du volume des poumons produit un appel d'air extérieur qui entre soit par les fosses nasales, soit par la bouche et qui passe par le pharynx et la trachée-artère. L'expiration comporte une élévation du diaphragme et un abaissement des côtes avec, comme conséquence, une expulsion d'une grande partie de l'air contenu dans les poumons. C'est cet air rejeté par l'expiration qui est utilisé pour la phonation.

Il est possible en principe de produire aussi des sons pendant l'inspiration, mais c'est là une possibilité qui n'est utilisée qu'exceptionnellement. On l'entend souvent chez les enfants. On produit parfois aussi de tels sons en sanglotant.

Le larynx. — Le larynx est une espèce de boîte cartilagineuse qui termine la partie supérieure de la

trachée. Le larynx est composé de quatre cartilages :
le *cricoïde*, qui en constitue la base même et qui a la
forme d'une bague posée horizontalement et dont
le chaton est tourné en arrière ; le *thyroïde*, que l'on

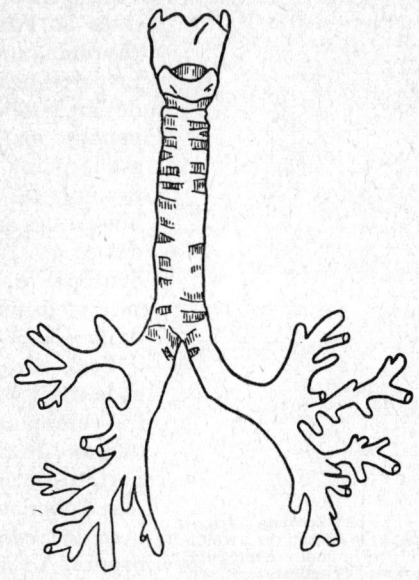

Fig. 18. — La trachée et le larynx
En bas, les bronches
En haut, le larynx avec, au-dessous, le cricoïde
au-dessus, le thyroïde avec les cornes supérieures

voit saillir en avant sur le cou des hommes et qui
est attaché au cricoïde à l'aide des *cornes inférieures*
(fig. 19) ; le thyroïde est ouvert en haut et en arrière ;
et enfin les deux *aryténoïdes*, petits cartilages ayant
la forme de pyramides et placés sur le chaton du
cricoïde, sur lequel ils sont mobiles grâce au système

de muscles qui les commandent en les faisant glisser, pivoter ou basculer. (Voir fig. 22.) C'est à la partie interne de la base des aryténoïdes *(l'apophyse vocale)* que sont attachées les *cordes vocales*, dont l'autre extrémité est fixée à l'angle du thyroïde (en avant). La partie postérieure des aryténoïdes *(l'apophyse musculaire)* est le point d'appui des muscles qui mobilisent les aryténoïdes et qui commandent, par là, l'ouverture et la fermeture de la glotte.

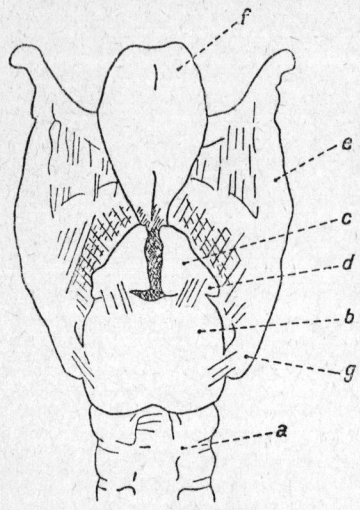

Fig. 19. — Le larynx vu de derrière : *a)* la trachée ; *b)* le chaton du cricoïde ; *c)* aryténoïde ; *d)* apophyse musculaire ; *e)* thyroïde ; *f)* épiglotte ; *g)* corne inférieure.

Les cordes vocales et le mécanisme qui les commande sont l'organe le plus important de notre appareil phonatoire. Le nom de *corde* est impropre. Ce sont en réalité des lèvres, placées symétriquement à droite et à gauche de la ligne médiane et constituées par un muscle *(thyro-aryténoïdien)* et un tissu élastique (le *ligament*). Au-dessus des cordes vocales proprement dites se trouvent une autre paire de lèvres de forme semblable, appelées les *fausses cordes vocales* ou *bandes ventriculaires*, qui n'ont rien à voir avec la phonation normale. Entre les deux lèvres (inférieure et supérieure) se trouvent les *ventricules de Morgagni* qui exercent peut-être un certain effet résonateur sur le ton laryngien (voir fig. 21).

La phonation. — On appelle *glotte* l'espace normalement triangulaire circonscrit par les deux cordes vocales (et leur prolongement dans les apophyses vocales). Grâce aux cartilages aryténoïdes et aux muscles qui les commandent il est possible de rapprocher les cordes vocales les unes des autres et de

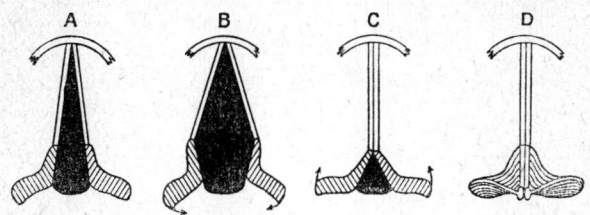

Fig. 20. — Position de la glotte pendant, A la respiration normale, B la respiration forte ; C pour la voix chuchotée, D pour la phonation. *En haut*, le thyroïde ; *en bas*, les aryténoïdes.

fermer ainsi la glotte. Pendant la respiration normale, la glotte est ouverte (fig. 20), et de même pendant l'articulation de certaines consonnes sourdes. Pour la phonation, la glotte doit se fermer tout le long de la ligne médiane. Si la partie de la glotte qui se trouve entre les aryténoïdes reste ouverte en laissant passer l'air, on obtient une *voix chuchotée*. Si la fermeture est complète, la glotte est prête à entrer en vibration, pourvu que la tension du muscle thyro-aryténoïdien soit celle exigée par le registre voulu. Les physiologues de la voix nous apprennent que cette tension ne se produit pas essentiellement sous forme d'un allongement de la corde vocale, comme on le croyait autrefois, mais aussi, et surtout, comme une contraction intérieure. Pour le registre grave, la corde vocale est épaisse ; pour le registre aigu, elle est mince et a plus ou moins la forme d'un ruban. Il est également possible de ne laisser entrer en vibration qu'une partie de la corde vocale et d'abréger ainsi la longueur du corps vibrant, ce qui donne un ton plus aigu. Ces données physiologiques sont en parfaite harmonie avec les lois

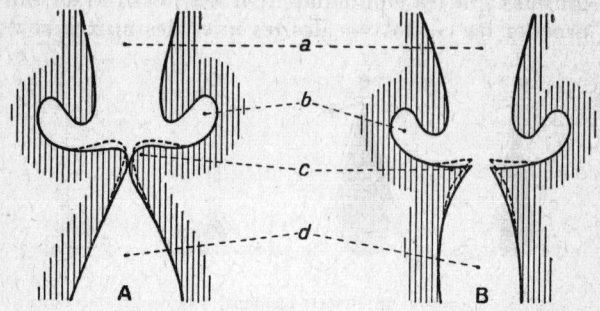

Fig. 21. — Dessin schématique d'une coupe transversale du larynx. *a)* La cavité du pharynx ; *b)* Les ventricules de Morgagni ; *c)* Les cordes vocales ; *d)* La cavité de la trachée-artère. *A)* Registre bas (« registre de poitrine ») ; *B)* Registre haut (« registre de tête »). (D'après Forchhammer.)

physiques qui commandent la fréquence propre d'un corps vibrant et dont nous avons parlé dans le chapitre acoustique. Le mécanisme de fermeture et d'ouverture de la glotte ressort nettement du schéma ci-après (fig. 22).

En haut du larynx, et relié aux cartilages de celui-ci par des ligaments et des muscles, se trouve l'*os hyoïde* qui a la forme d'un demi-cercle ouvert vers l'arrière. L'entrée du larynx est protégée par l'*épiglotte* qui, pendant la déglutition, empêche la nourriture d'entrer dans la trachée. La voie de la nourriture et celle de l'air respiratoire se croisent dans le pharynx. Grâce aux nombreux muscles du larynx celui-ci peut se déplacer de haut en bas et d'arrière en avant. Le premier de ces mouvements surtout est important pour la phonation, parce qu'il modifie le volume et, par là, l'effet résonateur du pharynx.

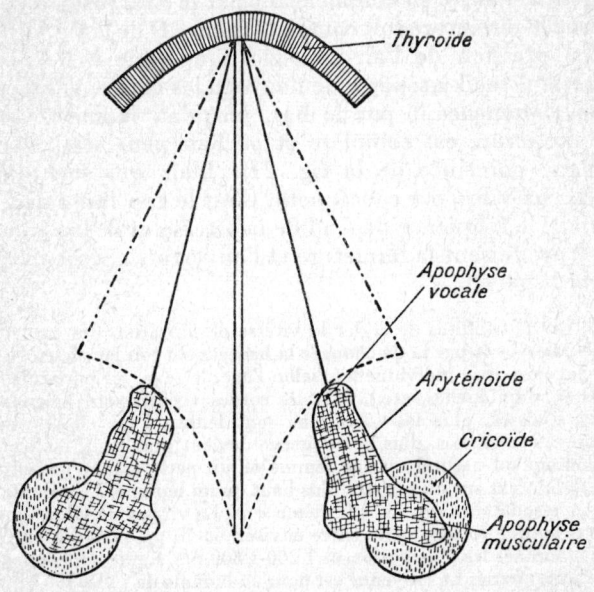

Fig. 22. — La fermeture et l'ouverture de la glotte ; *lignes pointillées fortes* = respiration profonde ; *lignes fortes* = respiration normale ; *lignes faibles* = phonation ; *lignes pointillées faibles en bas* = direction du mouvement des aryténoïdes. (D'après Tarneaud.)

Le mécanisme même de la vibration des cordes vocales est complexe et pose des problèmes qui sont loin d'être définitivement résolus. Grâce à des films pris à une cadence très rapide (jusqu'à quatre mille images par seconde) il est possible de se faire une idée du caractère de ces vibrations. On a en outre réussi à photographier les mouvements des cordes vocales en utilisant l'effet stroboscopique. Les cordes vibrent horizontalement lorsqu'on ferme et ouvre successivement la glotte. Les cordes s'accolent l'une contre l'autre en commençant par le bas, jusqu'à ce que la fermeture soit complète (phase D de la fig. 20). La pression de l'air sous-glottique (due à l'expiration) tend à séparer de nouveau les cordes vocales en commençant par le bas, jusqu'au moment où l'ouverture est complète et où l'air peut sortir (la ligne pointillée de la fig. 21). L'air qui sort du larynx vibre par conséquent. C'est le ton laryngien, dont la fréquence dépend de la vitesse avec laquelle se produisent la fermeture et l'ouverture successives de la glotte.

Les possibilités de régler la vitesse de vibration des cordes vocales — et par là de changer la hauteur du ton laryngien — sont en partie individuelles (selon l'âge, le sexe, les particularités individuelles, etc.). Plus les cordes vocales sont longues et épaisses, plus les vibrations sont lentes. Plus elles sont brèves et minces, plus la fréquence devient grande. Il est par conséquent naturel qu'une femme ou un petit enfant parlent et chantent sur un registre plus haut qu'un homme. Le volume des résonateurs agit dans le même sens. La vitesse de vibration des cordes vocales varie entre environ 60-70 p/s pour les voix masculines les plus basses, et 1 200-1 300 p/s, limite supérieure d'un soprano. La moyenne est pour un homme de 100 à 150 p/s, pour une femme de 200 à 300.

Si c'est la vitesse de fermeture et d'ouverture de la glotte qui détermine la hauteur du son produit, c'est la grandeur des mouvements horizontaux des cordes vocales qui est responsable de l'amplitude (et par là de l'intensité) des vibrations sonores (à condition, pourtant, que la fréquence reste la même ; cf. p. 9). Les variations d'intensité utilisées dans la parole peuvent toutefois être réalisées de deux façons qui sont en principe différentes. Si l'on augmente, à l'aide des muscles respiratoires, la force du courant d'air et par là la pression sous-glottique, l'amplitude des vibrations augmente et le son devient plus fort. C'est cependant là un procédé relativement grossier et peu commode pour la réalisation des variations d'intensité subtiles qui se produisent dans la parole normale. En réalité, il est possible — et l'homme s'en sert beaucoup en parlant — de diminuer aussi l'intensité du son en ne fermant la glotte que partiellement, de manière à laisser échapper une certaine quantité d'air non vibrant. Plus on ferme la glotte pour chaque vibration, plus le son devient intense, et inversement. Ce dernier procédé demande moins d'effort mais consomme beaucoup plus d'air que le premier. Il est probable que, dans la parole normale, les deux procédés vont de pair pour produire les différences d'intensité. En réalité, les résultats instrumentaux montrent une consommation d'air plus grande pour les voyelles inaccentuées (de faible intensité sonore) que pour les voyelles toniques. Nous avons signalé plus haut (p. 9) qu'une augmentation de la fréquence amène aussi un renforcement de l'intensité (qui est proportionnelle au carré de la fréquence aussi bien qu'à celui de l'amplitude).

Les cavités supraglottiques. — Les cavités supraglottiques sont le *pharynx*, la cavité de la *bouche* et les *fosses nasales*, dont le rôle principal pour la parole est de servir de résonateurs au ton laryngien. Il est possible d'y ajouter un quatrième résonateur formé par la projection et l'arrondissement des *lèvres* (voir fig. 24). La cavité de la bouche peut changer de forme et de volume presque à l'infini grâce aux mouvements de la langue qui la remplit en grande partie et qui en forme le plancher. Le plafond en est constitué par le *palais*, qui se divise en deux parties, le *palais dur* en avant et le *palais mou* (ou *voile du palais*) en arrière. Le palais mou est mobile, et ouvre ou ferme l'entrée des fosses nasales. C'est donc l'articulation du voile du palais qui détermine si un son sera *nasal* (l'air passant par le nez) ou *oral* (l'air passant uniquement par la bouche).

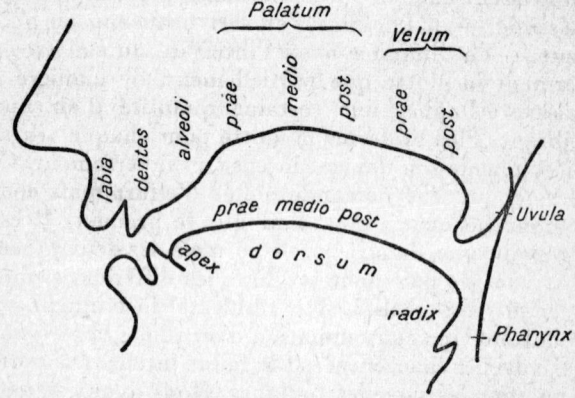

Fig. 23. — Les parties principales des cavités supraglottiques avec leurs dénominations latines
(à partir desquelles sont formés les termes utilisés en phonétique)

Le voile du palais est terminé par la *luette*. La forme et le volume des fosses nasales sont fixes. Leur effet résonateur est par conséquent toujours le même. Dans la bouche se trouvent également les *dents* avec les *alvéoles* (partie saillante du palais qui se trouve juste derrière les dents de la mâchoire supérieure). Au-dessus des alvéoles, se trouve enfin la région *prépalatale*.

Restent les *lèvres* et la *langue*. C'est grâce à la grande mobilité des lèvres qu'il est possible d'ajouter un quatrième résonateur et de modifier ainsi l'effet de la cavité buccale *(labialisation)*. L'importance de la langue — organe excessivement mobile — est tellement grande pour la production des sons du langage que le mot « langue » est souvent utilisé — en latin, en français, en anglais, etc. — pour symboliser la communication linguistique en géné-

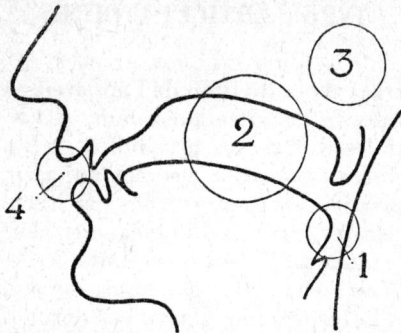

Fig. 24. — Les quatre principaux résonateurs de l'appareil phonatoire
1, le pharynx ; 2, la bouche ; 3, les fosses nasales ; 4, la cavité labiale

ral (la « langue française », etc.). De fait la langue est le plus important des organes de la parole au-dessus de la glotte. Elle est un complexe de muscles dont la base est attachée à l'os hyoïde et qui remplit presque toute la cavité buccale. Ce sont les différents mouvements de la langue qui permettent d'obtenir tous les effets résonateurs dont nous nous servons pour réaliser les divers timbres vocaliques du langage et de produire toute une série de bruits divers. On distingue entre la *pointe de la langue* et le *dos de la langue*.

Chapitre III

TYPES ARTICULATOIRES

En partant de la division de l'appareil phonatoire établie dans le chapitre précédent, il est possible de classer les différentes possibilités articulatoires, mises à notre disposition par cet appareil.

La respiration. — Commençons par la respiration. On peut classer les sons du langage en deux grands groupes, selon qu'ils sont produits à l'aide d'un courant d'air venant des poumons, ou sans participation de la respiration. Parmi ces derniers, notons surtout les *clics* qui sont assez répandus dans beaucoup de langues exotiques (africaines, etc.), quoique inexistants en Europe. Pour former un clic, on ferme le passage buccal en deux points situés en arrière et en avant (par exemple avec les lèvres et le dos de la langue) : on constitue par ce moyen une cavité close dont on augmente ensuite le volume, diminuant ainsi la pression de l'air intérieur. A l'ouverture de l'occlusion antérieure, l'air extérieur entre brusquement. Les consonnes dites *implosives*, dont la formation rappelle celle des clics, et les *éjectives*, sont aussi des types de consonnes qui sont indépendantes de la respiration. Ces sons étant d'un caractère spécial et n'existant pas dans les grandes langues de civilisation, nous ne nous occuperons désormais que du premier groupe, celui qui suppose un courant d'air venant des poumons.

Le larynx. — En partant de ce qui concerne la fonction du *larynx* et des *cordes vocales*, on peut aussi établir deux catégories de sons, selon que ceux-ci sont formés à l'aide de vibrations laryngiennes — *sons sonores* — ou sans participation des cordes vocales — sons *sourds*. Sont sonores toutes les voyelles et certaines consonnes (*l*, *m*, *n*, *v*, etc.). Sont sourdes certaines consonnes (*p*, *t*, *f*, etc.).

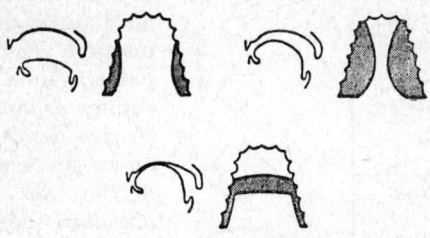

Fig. 25. — Schéma illustrant la différence entre le passage libre du courant d'air *(en haut à gauche)*, le passage rétréci *(en haut à droite)* et l'occlusion complète (réalisée ici avec le dos de la langue contre le palais dur ; *en bas*). Les figures de gauche sont une coupe transversale de la cavité buccale montrant les dents, le palais et la langue ; celles de droite des palatogrammes, pris avec un palais artificiel et montrant la partie du palais qui a été touchée par la langue pendant l'articulation *(partie grise)*. (D'après Dieth.)

Le voile du palais. — Nous avons vu que ce sont les mouvements du *voile du palais* qui déterminent si un son sera prononcé avec, ou sans, *résonance nasale*. Si le voile ferme le passage par le nez en s'accolant à la paroi postérieure du pharynx, on obtient une articulation *orale*. Si par contre le voile du palais laisse ce passage libre, l'air sortira, entièrement ou en partie, par le nez, et on obtient une articulation *nasale* (voyelle nasale si les deux passages sont libres, consonne nasale si celui de la bouche est fermé).

La langue. — En ce qui concerne la *langue*, on distingue entre la *pointe* (apex) et le *dos* (dorsum), d'où une division entre les articulations *apicales* et les articulations *dorsales*. Une articulation faite avec la partie de la langue qui se trouve juste au-dessus de la pointe est appelée *prédorsale*. C'est un type articulatoire qui remplace souvent le type purement apical, sans qu'il en résulte de différence acoustique perceptible. Selon qu'une articulation se fait contre l'une ou l'autre des différentes parties du palais, on la classe comme *dentale* (contre les dents même ou les gencives juste derrière les dents), *alvéolaire* (contre les alvéoles), *prépalatale* (contre la partie antérieure du palais dur), *médio-palatale* (contre la partie la plus haute du palais), *post-palatale* (contre la limite du palais dur et du palais mou), *vélaire* (contre le palais mou) ou *uvulaire* (contre la luette). Certaines langues connaissent aussi des articulations *pharyngales* (exécutées contre la paroi postérieure du pharynx) et *laryngales* (dans le larynx même).

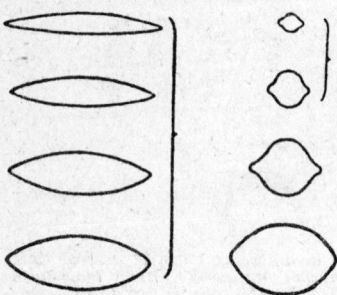

Fig. 26. — Dessin schématique des différentes positions des lèvres : voyelles arrondies, *à droite* ; voyelles non arrondies, *à gauche* ; voyelles fermées, *en haut* ; voyelles ouvertes, *en bas*. (D'après Mac Carthy.)

Les lèvres. — Toute articulation peut être accompagnée d'une position neutre des lèvres ou d'une projection et d'un arrondissement de celles-ci. Une articulation consistant en (ou accompagnée d') un arrondissement des lèvres est appelée *labiale* (*bilabiale*, si les deux lèvres sont utilisées). Si les lèvres restent neutres (ou sont étirées), le son est *non labial* ou *délabialisé*. Il est enfin possible d'articuler avec une des lèvres (normalement la lèvre inférieure) contre les dents (incisives supérieures). Dans ce cas l'articulation est appelée *labio-dentale*.

Types d'articulations. — A l'aide de ces différentes articulations et de combinaisons de celles-ci, il est possible de modifier de façons différentes le courant d'air venant des poumons. Le passage de l'air peut être : 1) *Libre* ; 2) *Rétréci*, ou 3) *Arrêté* momentanément par une *occlusion complète* du passage. Sont appelés *voyelles* les sons prononcés avec un passage libre. Dans ce cas, les cavités supraglottiques ne font que modifier, par leur résonance, le timbre du ton laryngien. Sont appelés *consonnes* les sons caractérisés par un rétrécissement ou une fermeture (momentanée) complète du passage de l'air. Dans ce dernier cas, il se forme dans les cavités supraglottiques différentes espèces de bruits, caractéristiques des consonnes.

Chapitre IV

LES VOYELLES

Nous avons déjà vu que le timbre des voyelles est dû essentiellement à deux formants, dont l'un est bas, l'autre haut. On suppose que ces deux formants correspondent aux deux résonateurs principaux de l'appareil phonatoire, le pharynx et la bouche. C'est surtout grâce aux mouvements de la langue qu'il est possible de varier l'effet résonateur de ces deux cavités.

Classement articulatoire des voyelles. — Prenons comme point de départ la position de la langue pour la voyelle a (de fr. *salle*). La langue reste presque plate dans la bouche, dans une position très voisine de la position de repos. Il ressort de la figure 27 que, avec une telle position de la langue, les deux résonateurs sont d'un volume presque égal. Les deux formants de a sont aussi assez proches (celui de la bouche environ 1 300 p/s, celui du pharynx env. 720 p/s). C'est donc une voyelle acoustiquement compacte (voir p. 15).

Si l'on passe de a à *é* et à *i*, la langue s'élève, en s'avançant, de plus en plus vers le palais dur avec, comme conséquence, une diminution du volume de la bouche et une augmentation de celui du pharynx. Par conséquent, le formant haut monte (pour *i* jusqu'à 2 500 p/s) et le formant bas descend (jusqu'à 280 p/s pour *i*). On appelle les voyelles de la série a-è-é-i *voyelles palatales* ou *voyelles antérieures*, parce que, durant leur réalisation, la langue articule dans la direction du palais dur.

Si la position de la langue est haute (comme pour *i*), la voyelle est *fermée*; si elle est basse (comme pour *a*), la voyelle est *ouverte*. On dit que *é* est *mi-fermé*, *è* *mi-ouvert*. Nous avons supposé, dans cet exemple, une position neutre des lèvres (voyelles *délabialisées*). Si par contre on combine la position de la langue pour *i* avec une projection et un arrondissement des lèvres, on ajoute un deuxième résonateur

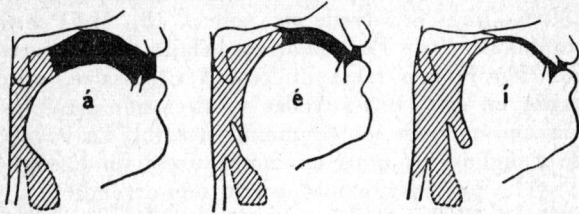

Fig. 27. — Dessin schématique montrant le rapport qu'il y a entre les différentes positions de la langue (voyelles antérieures) et le volume des résonateurs. (D'après Hála).

et on allonge par là la cavité buccale en même temps qu'on en diminue l'ouverture. Ces deux opérations ont pour effet de baisser le ton propre de la cavité buccale qui renforce alors un autre harmonique, plus bas, du ton laryngien. Le timbre devient un peu plus sombre. On obtient un *ü* (de fr. *mur*). Si l'on arrondit le *é* fermé, on obtient un *œ* fermé (de fr. *feu*), et si l'on arrondit le *è* ouvert, on obtient le *œ* ouvert (de fr. *peur*).

Si au contraire le dos de la langue s'élève vers le voile du palais, en se retirant, la cavité buccale sera beaucoup plus grande et son ton propre d'autant plus bas. Le timbre des voyelles ainsi articulées devient sombre. Ce sont les voyelles de la série *vélaire* (ou *postérieure*). En commençant par le bas, ces voyelles sont en français le *a* postérieur (de *pas*), le ò (ouvert ; de *fort*), le ó (fermé ; de *sot*) et le *ou* (de *fou*). La voyelle *ou* est donc la plus fermée, *a* la voyelle la plus ouverte de la série vélaire. Le ó est mi-fermé, le ò mi-ouvert. En français, comme dans beaucoup d'autres langues, les voyelles vélaires sont toujours *labialisées* ou *arrondies*, ce qui contribue à accentuer encore leur caractère acoustique sombre.

Le formant haut (celui de la bouche) se trouve aux environs de 760 p/s, le formant bas autour de 280 p/s pour la voyelle *ou* (voir p. 18). Mais cette combinaison de l'articulation vélaire et de l'articulation labiale n'est nullement nécessaire, et il existe en effet des voyelles vélaires non arrondies (par ex. en russe, en roumain, en turc). La voyelle de l'anglais *cut* nous en donne aussi un exemple (voyelle postérieure mi-ouverte non arrondie).

On a l'habitude en phonétique de symboliser schématiquement la place des voyelles dans la bouche par une figure géométrique qui, pour le français, aura la forme suivante (fig. 28).

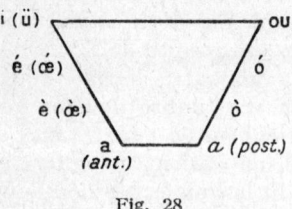

Fig. 28

Les voyelles antérieures labialisées sont mises entre parenthèses. Ce sont là toutes les voyelles orales du français, si l'on ajoute le *e* atone de *petit*, *lever*, qui phonétiquement est une voyelle plutôt neutre, affaiblie et inaccentuée. C'est le *e* dit *féminin* ou *instable* (*e* caduc).

Il existe aussi dans certaines langues (anglais, suédois, norvégien, etc.), des voyelles *moyennes* (ou *mixtes*), produites avec le dos de la langue articulant vers le milieu de la voûte palatine (à la limite du palais dur et du palais mou). Leur timbre est par conséquent intermédiaire entre celui des voyelles palatales et celui des voyelles vélaires. Ces types peuvent aussi être arrondis ou non arrondis. La voyelle de l'anglais *hurt*, *sir*, *girl* est moyenne, mi-ouverte et non arrondie. La voyelle du norvégien *hus* « maison » est moyenne, fermée et arrondie ; celle du suédois *hund* « chien » est moyenne, mi-ouverte et arrondie.

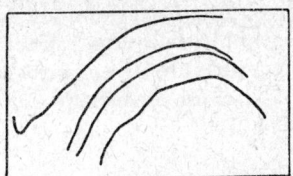

Fig. 29. — Profils du dos de la langue pendant la prononciation des voyelles françaises *i*, *é* et *è* (obtenues à l'aide de la méthode dite *plastographique* de E. A. Meyer). *En haut*, le palais dur avec les alvéoles et les dents.

REMARQUE. — Si la plupart des voyelles connues sont articulées à l'aide du dos de la langue (dorsales), rien n'empêche de produire des voyelles avec la pointe de la langue ou avec la région prédorsale (types apicaux ou prédorsaux). De telles voyelles existent effectivement. La voyelle *i*, dans quelques dialectes suédois et norvégiens, est articulée de cette façon. Il existe aussi un type correspondant arrondi. Les voyelles dites *rétroflexes* sont caractérisées par une position spéciale de la pointe de la langue qui s'élève vers la voûte palatine. La forme creuse de la langue qui en résulte donne à ces voyelles un timbre spécifique. On les retrouve dans certaines régions anglaises et dans l'anglais américain, où elles sont dues à la chute d'un *r* apical (dans *girl*, *far*, *more*, etc.).

En partant de ces données articulatoires, il est possible de caractériser toutes les voyelles françaises en indiquant leur place dans la bouche, le degré de fermeture et la position des lèvres. *i* sera donc une voyelle antérieure fermée non-arrondie, *é* aura les mêmes caractéristiques sauf pour le degré de fermeture (mi-fermé), *ü* également, à l'exception de la labialisation ; *ou* sera une voyelle postérieure fermée arrondie, *ó* lui sera identique sauf pour le degré de fermeture (mi-fermé), etc. Toutes ces voyelles sont *orales*, c'est-à-dire qu'elles sont prononcées sans résonance nasale.

Les voyelles nasales du français sont au nombre de quatre. Ce sont les types *è*, *œ̀*, *a* et *ò* qui peuvent prendre une résonance nasale (les voyelles orthographiées le plus souvent *in*, *un*, *an/* ou *en/* et *on*). La nasalité de ces voyelles françaises est une caractéristique essentielle qui permet souvent à elle seule

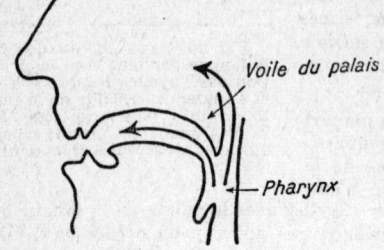

Fig. 30. — Position du voile du palais pendant la prononciation d'une voyelle nasale. Le passage buccal est ouvert, et l'air expiratoire sort et par la bouche et par le nez.

de distinguer deux mots. Ainsi les mots *beau* et *bon*, *fait* et *fin* ne se distinguent l'un de l'autre que par la présence ou l'absence de résonance nasale dans la voyelle. Il y a peu de langues en Europe où la nasalité ait une telle importance linguistique. Il n'y a que le portugais et le polonais qui possèdent, comme le français, de véritables voyelles nasales. Dans les autres langues, on entend parfois une certaine résonance nasale qui peut être due à la

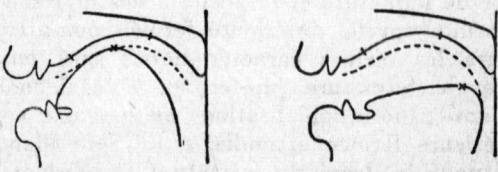

Fig. 31. — Schéma indiquant la position de la langue pour une voyelle antérieure fermée (type *i*) *à gauche*, et pour une voyelle postérieure ouverte (type *a* postérieur). La ligne pointillée indique le relèvement maximum pour une articulation vocalique. Si la langue dépasse cette limite, il se produit différentes espèces de bruits, et on obtient une articulation consonantique.

proximité d'une consonne nasale *(m, n)* ou bien être individuelle ou accidentelle mais qui ne joue pas de rôle linguistique (et qui, par conséquent, est incapable d'assumer une différence sémantique).

Il existe encore d'autres caractéristiques que celles mentionnées ici qui peuvent influer sur la qualité

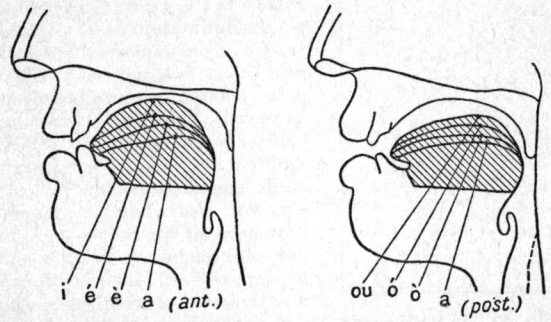

Fig. 32. — Position de la langue pour les principaux types vocaliques. *A gauche*, les voyelles antérieures, *à droite*, les voyelles postérieures. Il est à observer que la position de la langue pour *ou* est en réalité un peu plus avancée que pour les autres voyelles postérieures, contrairement à ce que fait supposer le carré vocalique de la page 40, qui implique une simplification considérable — très schématique — de la réalité articulatoire. (D'après Jones.)

des voyelles et servir, par là, à opposer un timbre à un autre. Une voyelle peut être articulée avec plus ou moins de tension musculaire, et on distingue dans certaines langues (en allemand et en anglais par exemple) entre *voyelles tendues* et *voyelles relâchées*. Ainsi le *i* long de l'anglais *seat* « siège » est tendu, tandis que la voyelle brève de *sit* « être assis » est relâchée. De même la voyelle longue de l'anglais *food* « nourriture » est tendue par rapport à la voyelle brève de *foot* « pied » qui est relâchée. C'est là une distinction vocalique inconnue en français, où toute voyelle, au moins en syllabe accentuée, est nettement tendue.

On distingue enfin aussi entre les *monophtongues* dont le timbre reste pour l'oreille acoustiquement le même au cours de la durée de la voyelle (1), et les *diphtongues* qui changent de timbre au cours de leur émission. On entend donc une certaine qualité vocalique au commencement d'une diphtongue, une autre à la fin. Le français moderne n'a pas de diphtongues. Les groupes *ie*, *ui*, *oi* et *oui* dans des mots comme *pied*, *nuit*, *fois*, *oui* sont à interpréter comme une suite de consonne + voyelle. L'ancienne langue française, au contraire, était riche en diphtongues, dont l'orthographe garde encore beaucoup de traces (ex. *fait*, *fleur*, *haut*, *mou*, qui se prononçaient au moyen âge avec des diphtongues $a + i$, $e + ou$, $a + ou$, $o + ou$). L'ancien français a connu aussi, à certaines époques, des *triphtongues*, contenant trois différents timbres vocaliques (par ex. dans *beau*, prononcé $be + a + ou$).

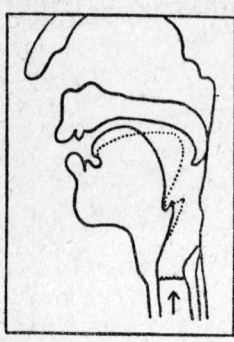

Fig. 33. — Position de la langue pour *i* et pour *ou* *(ligne pointillée)*. (D'après Pike).

L'anglais est riche en diphtongues (*house*, *fine*, *boat*, *bear*, etc.), de même l'allemand (*Haus*, *mein*, *heute*, etc.). Les diphtongues supposent le plus souvent une articulation relâchée. L'articulation du français moderne est excessivement tendue (comparée à celle des langues germaniques par exemple) et la langue française est par conséquent rebelle aux diphtongues. L'anglais connaît aussi des triphtongues (dans *fire*, *hour*, etc.).

---

(1) Les spectres acoustiques révèlent, même dans les monophtongues, des variations de timbre au cours de l'émission des voyelles, mais ces variations sont trop petites pour être perçues par l'oreille.

Chapitre V

LES CONSONNES

Tandis que les voyelles sont caractérisées acoustiquement par l'absence de bruit audible et, au point de vue articulatoire, par un passage d'air libre, les consonnes sont — ou contiennent — des bruits et se prononcent avec une fermeture ou un rétrécissement du passage de l'air. On distingue entre consonnes *momentanées*, qui supposent une occlusion complète suivie d'une ouverture brusque (« explosion »), et consonnes *continues*, qui sont caractérisées par une espèce de rétrécissement du passage de l'air et qui peuvent par conséquent être prolongées, en principe tant que l'air pulmonaire le permet.

Les occlusives. — Les momentanées sont appelées en phonétique des *occlusives*, parce que la phase la plus importante de leur formation est l'occlusion momentanée du passage de l'air (1). Cette occlusion est réalisée, pour ce qui est du français, avec les deux lèvres l'une contre l'autre *(occlusion bilabiale)*, avec la pointe de la langue contre les dents ou les gencives *(occlusion apico-dentale)*, ou avec le dos de la langue contre le palais dur *(occlusion dorso-palatale)* ou contre le palais mou *(occlusion dorso-vélaire)*. Sont bilabiales les consonnes de *peau* et

---

(1) On se sert parfois du terme *explosive* en parlant des occlusives, terme qui rappelle la phase d'explosion qui se produit au moment de l'ouverture de l'occlusion, quand l'air comprimé dans la bouche sort brusquement. Mais puisque, en phonétique moderne, on réserve le terme d'explosive à une autre division des consonnes (voir p. 78), il est préférable de ne pas l'employer en parlant des occlusives.

de *beau (p* et *b)*, apico-dentales les consonnes de *thé* et de *dé (t* et *d)*, dorso-palatales les consonnes de *qui* et de *Guy (k* et *g)* et dorso-vélaires celles de *cou* et de *goût (k* et *g* vélaires). Il est à remarquer que les phonèmes (1) *k* et *g* (orthographiés respectivement *c* ou *qu* et *g, gu* : dans *cou, cause, qui, gant, guère,* etc.), sont réalisés comme des dorso-palatales

 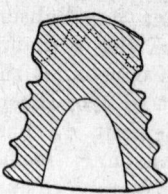

Fig. 34. — Palatogrammes d'un *t* français (apico-dental), *à droite* et d'un *t* anglais (apico-alvéolaire) *à gauche*. La partie rayée indique le contact de la langue avec les dents et le palais. On voit que cette partie, pour le *t* anglais, se trouve nettement au-dessus des dents, tandis que, pour le *t* français, la surface touchée par la pointe de la langue s'étend jusqu'aux dents. (D'après Jones.)

devant une voyelle antérieure, et comme des dorso-vélaires devant une voyelle postérieure, et comme une articulation intermédiaire (postpalatale) devant *a*. Ces deux phonèmes consonantiques changent donc leur point d'articulation selon les voyelles qui les entourent plus que ne le font les autres consonnes (cf. p. 67).

Nous avons vu que toute articulation consonantique peut être accompagnée de vibrations laryngiennes ou se faire sans participation des cordes vocales. Une occlusive peut donc être *sonore* ou *sourde*. Sont sonores les *b, d* et *g*, sourds les *p, t* et *k*.

Toute consonne se définit d'après son *mode d'articulation* et d'après son point *d'articulation*.

(1) Pour la notion de phonème, voir p. 105.

Un *t* est donc une occlusive sourde quant à son mode d'articulation, une apico-alvéolaire d'après son point d'articulation.

Il va sans dire que les consonnes françaises énumérées ici n'épuisent pas toutes les possibilités d'occlusives. On peut articuler une occlusive par exemple en mettant la pointe de la langue contre les alvéoles *(occlusive apico-alvéolaire)*. C'est le cas des *t* et *d* anglais. On peut lever la pointe de la langue encore plus haut et articuler contre différents points du palais

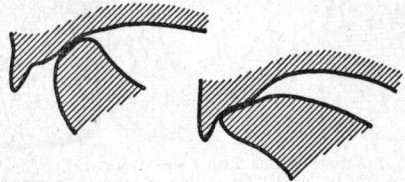

Fig. 35. — La position de la pointe de la langue *(coupe transversale)* pour un *t* français *à droite* et un *t* anglais *à gauche*
(D'après Dumville)

dur *(occlusives apico-palatales)*. Dans ce cas, c'est souvent la partie de la langue qui est au-dessous de la pointe qui touche le palais. On appelle ces types *consonnes rétroflexes*. C'est le cas du suédois où un *r* apical se fond dans un *t* ou un *d* suivant pour former une seule consonne apico-prépalatale rétroflexe (dans des exemples comme *kort* « bref », *bord* « table »). On retrouve ces types rétroflexes par exemple dans les dialectes siciliens et aux Indes (voir fig. 37).

Il existe deux types d'occlusives sourdes, *aspirées* et *non aspirées*. Les *p, t, k* français sont des occlusives non aspirées. C'est ce même type qu'on retrouve dans les autres langues romanes et dans la plupart des langues européennes à l'exception du groupe germanique. Au point de vue acoustique, une occlusive aspirée (germanique) est caractérisée par un souffle — un bruit sourd — qui s'entend entre l'explosion et la voyelle suivante et qui est surtout perceptible devant une voyelle accentuée.

Ce souffle ne s'entend pas en français. La différence articulatoire entre les deux types est la suivante. Pendant l'occlusion (la fermeture buccale) d'une occlusive de type non aspiré, la glotte est fermée. Les cordes vocales peuvent par conséquent entrer en vibration au moment de l'explosion. Les cordes

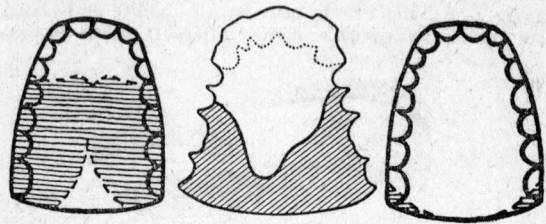

Fig. 36. — Palatogrammes d'un k (ou g) palatal, *à gauche* ; d'un k intermédiaire (postpalatal), *au milieu* et d'un k purement vélaire, *à droite*. C'est à peine si, dans ce dernier cas, le palais dur a été effleuré par le dos de la langue. Presque tout le contact se fait contre le palais mou.

vocales se trouvent donc déjà dans la position exigée par la phonation et la voyelle peut suivre immédiatement l'explosion. Pendant l'occlusion d'une occlusive aspirée, la glotte est ouverte. Il se passe donc un certain temps avant que la glotte soit complètement fermée pour la voyelle suivante. C'est l'air qui s'échappe pendant ce temps qui est entendu comme un souffle.

Les occlusives sourdes germaniques ne sont pas aspirées en toute position phonétique. Devant une voyelle inaccentuée, l'aspiration est faible ou inexistante. Après un s de la même syllabe (angl. *stay* « rester », suéd. *sten* « pierre »), la consonne est du type non aspiré.

REMARQUE. — Il existe aussi dans certaines langues des occlusives sonores aspirées, par exemple en sanscrit (l'ancienne langue classique des Hindous) et dans d'autres dialectes des Indes.

Si l'aspiration est très forte, les aspirées tendent à passer dans le groupe des affriquées (voir p. 57). C'est un développement qui est en train de se produire en danois, où le *t* devant voyelle accentuée est senti par une oreille étrangère comme un *ts*. C'est par un tel développement que les aspirées germaniques se sont transformées en affriquées ou en spirantes en haut-allemand (cf. angl. *ten*,

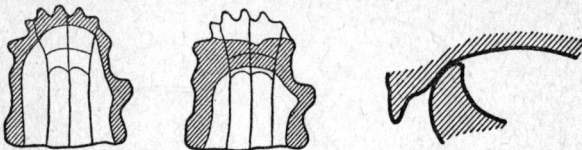

Fig. 37. — Palatogrammes d'une occlusive apico-dentale normae (*t* ou *d* français), *à gauche*, et d'une rétroflexe, *au centre*. A droite, la forme de la pointe de la langue pour l'articulation d'une occlusive rétroflexe. (D'après E. A. Meyer et Dumville.)

allemand *zehn* (pron. *tsen*) « dix », angl. *eat*, allemand *essen* « manger »).

On peut enfin réaliser aussi une occlusive dans le pharynx (occlusive pharyngale) ou dans le larynx même, où il est possible de fermer momentanément le passage de l'air en accolant les cordes vocales l'une contre l'autre. C'est ce qu'on appelle le *coup de glotte* qui peut s'entendre parfois en français devant une voyelle accentuée initiale et qui, dans certaines langues (par exemple en allemand), est une consonne normale qui s'entend régulièrement devant toute voyelle initiale accentuée.

Les nasales. — Puisque les occlusives supposent par définition une fermeture complète du passage de l'air, il s'ensuit que le voile du palais, pendant l'occlusion, ferme l'entrée des fosses nasales. Les occlusives sont nécessairement orales. Si, par contre, on combine la fermeture du canal buccal avec une position abaissée du voile du palais et un passage libre de l'air par le nez, on obtient un autre type de consonnes, appelées *consonnes nasales*. Une nasale est par conséquent une occlusive en ce qui concerne l'articulation buccale, mais un phonème ouvert (passage libre) si l'on considère la cavité du nez. Si, en prononçant un *b*, on ouvre l'entrée des fosses nasales, on obtient une consonne bilabiale na-

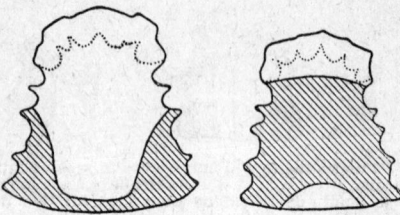

Fig. 38. — Palatogrammes du *ng* (nasale vélaire) anglais, *à gauche* et du *gn* (nasale palatale) français, *à droite*

sale *(m)*. De même, *n* est une apico-dentale nasale (correspondant à *d*) et *gn* (la consonne nasale de *digne*), la correspondante nasale du *k* palatal (de *qui*). *gn*, pour lequel il n'y a pas de signe orthographique spécial en français, est une dorso-palatale nasale. Le français ne connaît normalement pas la nasale vélaire correspondante, celle qui s'entend dans l'anglais *king* « roi », ou dans l'allemand *jung* « jeune ». On s'en sert parfois en français en prononçant certains emprunts anglais *(smoking)*, et il se peut que la même consonne se produise par suite d'une assimilation (voir p. 69) dans un groupe comme *longue minute* où le *g*, sous l'influence du *m* suivant, se transforme en nasale vélaire.

Les possibilités occlusives étant nombreuses, il va de soi qu'il existe aussi d'autres consonnes nasales que celles du français. L'anglais a par exemple à la place du *n* dental français un *n* apico-alvéolaire. Le suédois et d'autres langues connaissent des nasales rétroflexes, etc.

Les consonnes nasales sont normalement sonores mais peuvent perdre leur sonorité en combinaison avec des consonnes sourdes. En français le *m* s'assourdit par exemple normalement après *s* sourd dans les mots en *-sme (enthousiasme, communisme)*. Les nasales sourdes ne sont pas des phonèmes indépendants dans les grandes langues de culture, ce qui n'empêche pas qu'il puisse y en avoir ailleurs.

Les latérales. — Les consonnes dites *latérales* ont ceci de commun avec les occlusives et les nasales que l'organe articulant — normalement la langue — entre en contact avec le point d'articulation (les dents ou le palais). Mais contrairement à ce qui se produit dans les groupes précédents, ce contact n'a lieu qu'au milieu du canal buccal, tandis que l'air peut sortir des deux côtés du lieu d'articulation. Quelquefois ce passage latéral de l'air ne se forme que d'un côté (consonne *unilatérale*) sans qu'il s'ensuive de différence acoustique perceptible. Le *l* français (de *lit, loup, aller*) est une latérale type. La pointe de la langue touche les incisives supérieures ou les gencives et l'air sort des deux côtés de la langue. Il se produit un faible bruit causé par la friction du courant d'air contre les bords de la langue. C'est la seule consonne latérale qui existe en français moderne. A la place du *l* apico-dental, l'anglais a un *l* apico-alvéolaire, qui est en plus caractérisé dans certaines positions (en fin de syllabe) par un relèvement du dos de la langue vers le palais mou, ce qui donne à cet *l* anglais un timbre particulier (*l* « dur »). On appelle un tel *l*, *l vélarisé* (cf. p. 67). Le français a connu autrefois un *l* vélarisé qui s'est plus tard transformé en un élément vocalique *(ou)* par suite de la perte de l'articulation apicale. C'est ce développement qui est responsable par exemple des pluriels français du type *cheval* —

chevaux. Dans l'ancien pluriel *chevalz*, le *l* vélarisé s'est transformé en *ou*, d'où une diphtongue qui a fini par se réduire à *o*.

Le français a connu aussi autrefois la latérale palatale dite *l* « mouillé » qui s'entend encore dans certaines régions de langue française (par exemple en Suisse) dans des mots comme *fille, piller*. C'est une consonne *latérale dorso-palatale*, formée

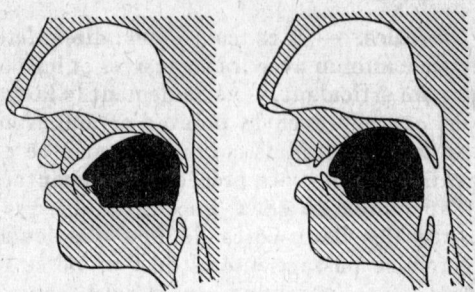

Fig. 39. — La position de la langue pour la nasale dorso-vélaire (angl. *ng*) *à gauche* et pour la nasale dorso-palatale (fr. *gn*) *à droite* (D'après Jones)

avec le dos de la langue articulant contre le palais dur. La consonne existe aussi en italien (*figlio* « fils ») et en espagnol (*calle* « rue »). En français, le *l* mouillé a été remplacé par la consonne dorso-palatale fricative appelée *yod*.

Les vibrantes. — Les consonnes dites *vibrantes* sont articulées de telle façon que l'organe articulant — qui est dans ce cas soit la pointe de la langue, soit la luette — forme une série d'occlusions très brèves, séparées par de petits éléments vocaliques. Il y a deux espèces d'*r* au point de vue de l'organe qui articule, le *r* antérieur ou *apical* et le *r* postérieur ou *uvulaire*. Le premier est prononcé de telle sorte que la pointe de la langue, touchant les alvéoles, est pressée en avant par le courant d'air. Grâce à son élasticité, la langue retourne à sa première position, et le même mouvement est répété jusqu'à quatre ou cinq fois de suite pour un *r* fort. C'est cet *r* qu'on appelle aussi souvent *r* « roulé ». Le *r* apical vibrant est pour ainsi dire la forme primitive de ce phonème, en Europe et ailleurs. Il a dû être le *r* du latin et du grec et probablement aussi le *r* indo-européen primitif. Cet *r* roulé se conserve dans beaucoup de régions françaises aussi bien dans la prononciation des classes cultivées que (et surtout) dans les patois. Mais en France comme dans quelques autres pays européens, le *r* apical a été remplacé à l'époque moderne par une prononciation uvulaire du phonème. Ce n'est plus la pointe de la langue, mais la

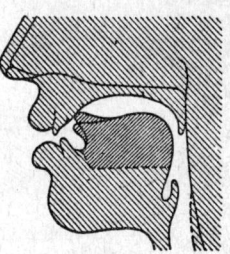

Fig. 40
r apical vibrant
(D'après Jones)

luette, qui vibre et qui forme les contacts répétés avec la partie postérieure du dos de la langue (fig. 41). Cet *r* postérieur vibrant (appelé parfois en français *r* « grasseyé ») est assez répandu aussi bien en France qu'ailleurs.

Le remplacement du *r* antérieur par un *r* postérieur a eu lieu presque simultanément, semble-t-il, dans plusieurs langues de l'Europe occidentale : en français, en allemand, en hollandais (où le phénomène est moins avancé qu'en français), en danois (où le *r* apical a disparu sauf dans quelques patois), en suédois (où on se sert du *r* postérieur dans toute la partie sud du pays) et en norvégien (où quelques régions sur la côte se servent du *r* uvulaire). On retrouve une tendance analogue par exemple dans le Nord de l'Italie (Turin), en portugais et dans quelques régions de langue espagnole de l'Amérique (où le *r* double espagnol est prononcé comme postérieur). Le *r* postérieur se retrouve aussi dans une région de la Grande-Bretagne (Northumberland). Ce développement — qui semble être de date récente partout où il se retrouve — pose des problèmes intéressants qu'il est pourtant impossible de discuter à fond ici. Il semble en tout cas que cette nouvelle prononciation du r soit un phénomène urbain qui a pris son origine dans les classes supérieures des villes et qui n'a pénétré que lentement dans la prononciation des gens de la campagne. C'est le cas par exemple en France et en Hollande. Il faut sans doute y voir un affaiblissement de la prononciation de la consonne — une espèce de dégénération, si l'on veut.

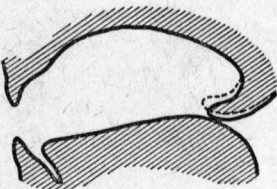

Fig. 41. — r uvulaire vibrant (D'après Dumville)

Mais cette tendance à l'affaiblissement du r a pris dans certaines langues (et dialectes) un caractère différent. Il peut se faire que la vibration proprement dite disparaisse et que la pointe de la langue, au lieu de produire une série d'occlusions et d'ouvertures, ne ferme jamais complètement le passage de l'air, qui continue à passer par une petite ouverture, tout en produisant un bruit de friction. Ce n'est donc plus une consonne vibrante mais une consonne *spirante* ou *fricative*. C'est par exemple le cas du r anglais. On retrouve le même affaiblissement du r apical dans le suédois parlé à Stockholm. Une transformation analogue se constate aussi pour le r postérieur qui est très souvent fricatif. La partie postérieure du dos de la langue forme un rétrécissement du passage de l'air contre le palais mou ou la luette mais sans qu'il se produise de vibrations. C'est souvent le cas du r parisien (appelé aussi r « dorsal »).

Les deux types de r — antérieur et postérieur — sont le plus souvent deux variantes (régionales ou individuelles) du même phonème. On ne peut, ni en français, ni en anglais, ni en allemand, changer le sens d'un mot en remplaçant un r apical par un r uvulaire. Mais il existe des langues où ces deux articulations sont deux phonèmes distincts et où, par conséquent, un mot peut changer de sens, si l'on remplace l'un par l'autre. C'est le cas par exemple dans quelques dialectes provençaux et franco-provençaux.

On appelle souvent les vibrantes *(r)* et les latérales *(l)* des *liquides*, terme hérité des grammairiens de l'antiquité. Les liquides sont normalement sonores en français et dans les autres grandes langues de culture mais peuvent perdre leur sonorité au contact de consonnes sourdes (fr. *peuple*, *pli*, *prêtre* avec des *l* et des *r* plus ou moins assourdis). Dans certaines langues, les liquides sourdes sont des phonèmes indépendants.

Les spirantes. — Nous avons déjà dit qu'une consonne *spirante* ou *fricative* est caractérisée par un rétrécissement du passage de l'air, qui produit un bruit de friction ou de frôlement en passant par la mince ouverture formée par l'organe articulant. Cette ouverture peut avoir une forme plate, comme pour *f* (spirante labio-dentale) ou une forme plus ou moins ronde comme pour *s*, *ch* ou pour la spirante bilabiale de *oui* (voir fig. 42). Il est en principe possible de produire des spirantes à n'importe quel endroit de la bouche, des lèvres jusqu'au pharynx, et aussi dans le larynx même (spirante laryngale). Les spirantes françaises sont les suivantes : *f* et *v* (spirantes labio-dentales, sourde et sonore), *s* (sourd dans *si*, sonore dans *cause*) (1), *ch* (sourd, dans *chose*) et la sonore correspondante (le *j* ou g/e/ de l'orthographe) dans *jambe*, *nager*, *geôle* (2), le *yod* (orthographié *i* ou /i/ll/) dans *lion*, *fille*, *piller*, *bâiller*, et les *ü* et *ou* consonantiques de *nuit* et de *oui*, *roi*, etc. Ces trois dernières, où *yod* est une dorso-palatale, *ü consonne* une dorso-palatale labialisée (prononcée avec arrondissement des lèvres) et *ou consonne* une bilabiale (vélarisée), sont appelées souvent des *semi-voyelles*, parce qu'elles sont plus vocaliques et contiennent moins de bruit que les

---

(1) Les deux *s* peuvent être apicaux ou prédorsaux. Le *s* français est le plus souvent *prédorso-alvéolaire*, le *s* anglais souvent *apico-alvéolaire* (voir fig. 44).
(2) *ch* est le plus souvent une *apico-prépalatale*.

autres consonnes. Les semi-voyelles sont normalement sonores mais peuvent perdre plus ou moins leur sonorité au contact de consonnes sourdes (dans des exemples comme *pied*, *puis*, *fois*).

Quant aux deux spirantes *s* et *ch* (et leurs correspondants sonores) on a l'habitude, dans les manuels de phonétique, de les classer *s* comme alvéolaire, *ch* comme prépalatal. Cette différence de point d'articulation n'est pourtant pas essentielle pour l'opposition entre les deux types. La différence principale entre *s* et *ch* réside dans la forme et la grandeur de l'ouverture, qui est plus ronde et beaucoup plus petite pour *s* (d'où une fréquence de vibration plus haute), par la forme du dos de la langue qui est abaissée pour *s*, relevée pour *ch*, et enfin par la position des lèvres qui est neutre pour *s*, tandis que *ch* est une consonne fortement labialisée. On appelle parfois les deux *s* des consonnes *sifflantes*, les deux *ch* des consonnes *chuintantes*, terminologie basée sur l'impression acoustique qui est due, à son tour, à la différence de fréquence qui les distingue.

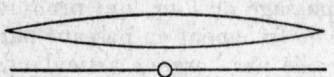

Fig. 42. — Schéma illustrant la différence de forme de l'ouverture entre une spirante de type « rond » et une spirante à ouverture large (*s* d'un côté, *f* de l'autre). (D'après Jespersen.)

Le français ne connaît pas la spirante laryngale *h* qui s'entend en anglais *(house, he)* et en allemand *(Haus, haben)*. Le *h* français dans *hêtre*, *heure*, etc., n'est qu'un signe orthographique qui ne se prononce pas. Même le *h* dit aspiré (dans *hêtre*, *héros*) n'est plus, en français moderne, qu'un signe qui a pour fonction d'indiquer l'absence d'élision et de liaison mais qui n'a pas de valeur phonétique (sauf dans quelques régions, par exemple en Normandie, où on l'entend encore).

Dans les grandes langues européennes on retrouve bien d'autres types que ceux qui sont représentés en français. Les deux consonnes initiales de l'anglais *think* (sourde) et *this* (sonore) sont des spirantes apicales, prononcées avec la pointe de la langue ou bien entre les dents *(interdentale)* ou bien contre la partie postérieure des incisives supérieures, et se distinguant du *s* surtout par la forme de l'ouverture qui est plate et large. L'allemand connaît une spirante dorso-vélaire sourde (le « ach-laut ») dans *doch* « cependant », *lachen* « rire », articulée avec le dos de la langue contre le palais mou. Le même type existe aussi comme sonore. L'espagnol connaît les mêmes consonnes (la sourde dans *hijo* « fils », la sonore dans *hago* « je fais »). Le « ich-laut » de l'allemand *ich* « je », *weich* « mou » est une dorso-palatale

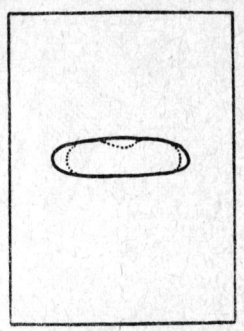

Fig. 43. — Différence de forme de la pointe de la langue pour un *s* (ouverture ronde) et un *th* anglais (de *think*) avec une ouverture large. (D'après Pike).

sourde qui se distingue du yod français de *pied* par son articulation plus forte. L'espagnol connaît une spirante bilabiale qui, contrairement à la bilabiale française de *oui*, *roi*, est prononcée sans arrondissement des lèvres (dans *haber*, *llave*, etc.).

Les affriquées. — Il existe enfin un type consonantique, qu'on ne rencontre pas en français moderne et qui est une espèce de combinaison entre le type occlusif et le type fricatif. Ce sont les *affriquées*, représentées par exemple par la consonne initiale anglaise de *child* « enfant » (à peu près *tch*), *chair* « chaise », ou la consonne intervocalique espagnole

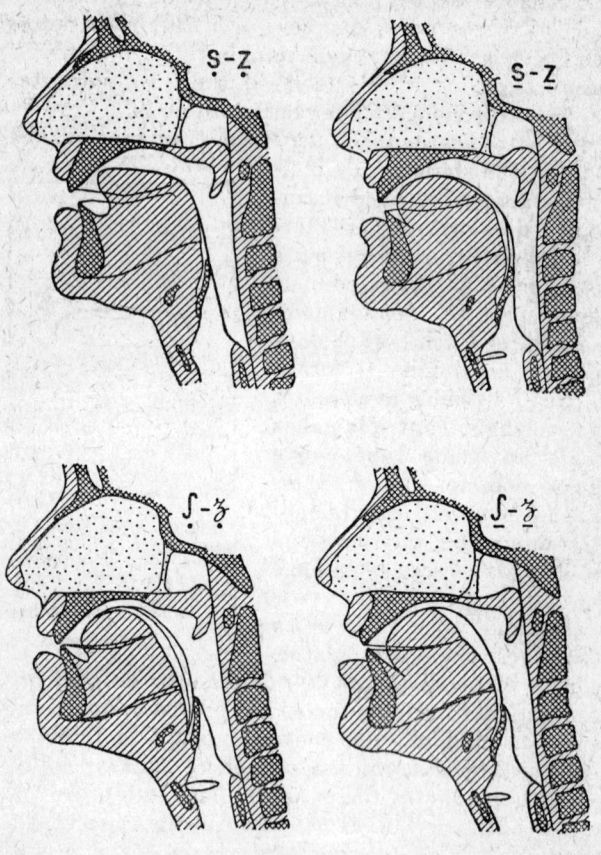

Fig. 44. — Position de la langue pour *s (en haut)* et pour *ch (en bas)*
A *gauche*, le type apical ; *à droite*, le type prédorsal
(D'après Hedegüs)

de *mucho* « beaucoup ». C'est une affriquée apico-alvéolaire sourde. On entend un son semblable dans l'italien *cento* « cent ». Il y a une affriquée apico-alvéolaire sonore dans l'anglais *jam* « confiture », etc., et dans l'italien *giorno* « jour ». L'ancien français a connu aussi des affriquées, *ts* dans *cire*, *cinq*, *tch* dans *chier* « cher », qui étaient des affriquées sourdes,

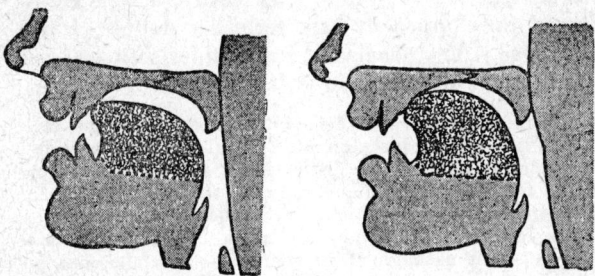

Fig. 45. — Position de la langue pour les affriquées *ts* (*à gauche*) et *tch* (*à droite*). Il y a occlusion complète sur la figure. C'est donc la première phase du phonème qui est illustrée ici. La deuxième phase est en principe identique à celle qui caractérise la spirante correspondante (fig. 44).

et de même les sonores correspondantes. Ces affriquées ont été réduites à des spirantes par la perte de l'élément occlusif initial. Les groupes *ts* et *tch* qui se trouvent dans certains mots français (en général des mots d'emprunt), par exemple dans *tsigane*, *tchèque*, sont à classer comme des groupes de deux consonnes ($t + s$ et $t + ch$), non pas comme des affriquées.

Consonnes fortes et consonnes douces. — Les types décrits jusqu'ici ne couvrent pas toutes les possibilités de distinction qui s'offrent dans le domaine du consonantisme. On peut articuler une consonne avec plus ou moins de *force*. Le courant d'air peut être plus ou moins intense. Et la résistance offerte au courant d'air au point d'articulation de la consonne peut être plus ou moins énergique. Il y a des consonnes *fortes* et des consonnes *douces*. En français, les occlusives sourdes *p*, *t*, *k* et les spirantes sourdes *f*, *s* et *ch* sont des fortes, toutes les autres des douces. Parmi les occlusives et les spirantes, il y a donc deux séries, une série de fortes qui s'opposent à la série des douces (*p* à *b*, *s* à *z*, etc.). Les nasales et les liquides sont toujours des douces, de même que les « semi-voyelles ».

Puisque les fortes sont en même temps des sourdes et les douces des sonores, il semblerait à première vue naturel de se contenter de parler d'une distinction de sonorité et de regarder la force comme quelque chose de secondaire, un phénomène qui accompagne toujours les sourdes. C'est effectivement le cas dans un grand nombre de langues. Mais dans certaines langues — et notamment en français — les faits sont plus compliqués.

Il peut arriver qu'une consonne douce perde sa sonorité sans passer pour cela dans la catégorie des fortes. Il est également possible qu'une forte devienne sonore tout en gardant son caractère de forte. C'est ce qui se passe souvent en français, où une consonne forte (*p*, *t*, *s*, etc.) peut devenir sonore devant une consonne suivante sonore sans perdre pour cela de sa force articulatoire (*coupe de champagne*, *tête de veau*, avec des *p*, *t* sonorisés devant *d*). De même, une consonne douce perd souvent sa sonorité devant une consonne sourde (*vague sentiment*, *rude travail*, etc.), mais reste néanmoins une douce et ne se confond pas nécessairement avec la forte. Le degré de force est donc une caractéristique essentielle des consonnes françaises. On retrouve des phénomènes analogues dans d'autres langues. Les *b*, *d*, *g* danois sont des douces sourdes qui s'opposent aux fortes sourdes (aspirées ; cf. p. 49) *p*, *t*, *k*.

Chapitre VI

LE CLASSEMENT DES SONS DU LANGAGE

Classement articulatoire. — Le groupement des sons du langage tenté dans le chapitre précédent a été fait sur une base articulatoire ou physiologique. Nous avons pris comme point de départ les différentes positions des organes de la parole pendant la formation des voyelles et des consonnes pour établir des types vocaliques et consonantiques : groupes *antérieurs* et *postérieurs*, *fermés* et *ouverts*, *oraux* et *nasaux* dans le vocalisme, et des catégories *dorsales* et *apicales*, *fricatives* et *occlusives*, *fortes* et *douces*, etc., dans le consonantisme. C'est là le classement traditionnel des sons, héritage de la phonétique dite classique du siècle passé (avec les grands noms de Sievers, de Sweet, de Storm et de Passy), où on était arrivé à une conception à peu près exacte des articulations mais où on n'avait encore que des connaissances approximatives des faits acoustiques. C'est ce classement qui est devenu traditionnel dans tous nos manuels de phonétique et dans l'enseignement élémentaire. C'est aussi des faits physiologiques que sont dérivés la plupart des termes devenus courants en phonétique dans toutes les grandes langues de culture. Il n'est pas douteux non plus que c'est la phonétique physiologique qui rendra encore les plus grands services dans toutes les applications pédagogiques de la phonétique (enseignement des langues étrangères, correction des fautes de prononciation et des prononciations dialectales ou vulgaires, enseignement des sourds-muets, etc.).

Les méthodes modernes de la phonétique physiologique ont pourtant ébranlé une bonne part du système établi par la phonétique classique. On a par exemple démontré avec les méthodes modernes (radiographies, films) que les articulations sont beaucoup moins stables qu'on ne le pensait autrefois. L'ancienne idée d'une certaine position des organes de la parole comme caractéristique d'un son s'est montrée plus ou moins fausse. Les organes se trouvent en *mouvement constant* d'un point à l'autre dans l'appareil phonatoire (démontré entre autres par Menzerath). Si, dans le chapitre précédent, nous avons décrit une certaine position des organes (de la langue par exemple) comme caractéristique une fois pour toutes d'une voyelle donnée, c'était en réalité une grosse simplification, faite pour des raisons pédagogiques.

Il est possible de produire le même effet acoustique de plusieurs façons différentes, grâce à des procédés de *compensation*. Si l'on supprime ou change un certain facteur articulatoire, on peut le compenser en modifiant les autres. En plus, il y a des différences d'articulation individuelles et régionales auxquelles ne correspondent pas de différences acoustiques et qui sont par conséquent négligeables au point de vue linguistique. Une personne articule son *t* avec la pointe de la langue, une autre avec la partie antérieure du dos (prononciation prédorsale), sans qu'il s'ensuive de différence acoustique perceptible. On peut changer un *é* en un *œ*, en arrondissant les lèvres (ce qui est le procédé normal en français), mais il est possible d'obtenir le même effet en retirant un peu la langue. Les deux procédés ont pour effet de diminuer la fréquence propre de la cavité buccale. La voyelle française de *peur* est une voyelle antérieure mi-ouverte arrondie. La voyelle anglaise de *girl* est une voyelle intermédiaire mi-ouverte non arrondie. Acoustiquement les deux voyelles appartiennent au même type. On aimerait par conséquent les classer sous la même rubrique.

Classement acoustique. — On peut donc poser la question de savoir si le moment n'est pas venu de remplacer l'ancienne classification physiologique des sons du langage par une classification faite d'après leur structure acoustique (classement dont nous avons esquissé en passant les grandes lignes ci-dessus, pp. 15-19). Nos connaissances en matière de phonétique acoustique sont maintenant assez poussées pour qu'il soit possible de faire un tel classement. En réalité, une telle tentative a été faite récemment par un groupe de phonéticiens et de linguistes aux Etats-Unis dans un ouvrage intitulé *Preliminaries to Speech Analysis* (voir la bibliographie), où les auteurs (Jakobson, Fant, Halle) ont essayé de faire l'inventaire des distinctions acoustiques utilisées dans le langage humain. Leur système est loin d'être définitif, et il serait prématuré de vouloir l'introduire déjà dans les manuels et dans l'enseignement élémentaire. Il existe effectivement des distinctions dont les auteurs ne tiennent pas compte. Leur thèse, selon laquelle toutes les distinctions utilisées dans le langage seraient des oppositions binaires (du type *labial : non labial, nasal : oral*, etc.), est certainement erronée. Mais ils sont les premiers à avoir tenté d'utiliser les découvertes de l'électro-acoustique moderne pour établir un nouveau système de classement de nos moyens sonores, et l'essai méritait d'être signalé.

Il est pourtant à remarquer que le classement traditionnel, en principe physiologique, des sons du langage n'a pu lui-même négliger complètement le point de vue acoustique. On a souvent groupé ensemble des types qui, quoique différents au point de vue physiologique, se sont trouvés acoustiquement identiques ou apparentés. On trouve par exemple souvent sous la rubrique *dentales* des articulations postdentales ou alvéolaires, des types apicaux aussi bien que prédorsaux. On classe ensemble les occlusives vélaires et la nasale vélaire, quoique celle-ci, d'après les résultats instrumentaux, soit articulée plus en arrière que *k* et *g*. On met sous la même rubrique les latérales normales et les unilatérales. On s'est aussi laissé influencer, plus ou moins inconsciemment, par la fonction linguistique des sons et par leur valeur différentielle (cf. p. 104).

Si on groupe ensemble tous les types de *r*, c'est parce que, dans la plupart des langues, les différents *r* sont des variantes du même phonème (cf. p. 106). Au point de vue purement articulatoire, la différence est immense entre par exemple un *r* apical roulé et un *r* uvulaire fricatif.

On peut dire que le classement traditionnel des sons du langage est une classification physiologique, modifiée par des considérations acoustiques ou fonctionnelles. Le principe d'un classement articulatoire n'a jamais été poussé à l'extrême, ce qui aurait, du reste, conduit à des absurdités évidentes. Les phonéticiens avertis se sont laissé guider par leur oreille et par leur sentiment linguistique.

Chapitre VII

PHONÉTIQUE COMBINATOIRE

La description donnée jusqu'ici des sons du langage les a présentés comme des unités plus ou moins indépendantes les unes des autres. Ce serait pourtant une grave erreur que de se représenter les voyelles et les consonnes comme des unités fixes et invariables, alignées les unes à côté des autres comme les perles d'un chapelet. Notre description d'une série d'unités acoustiques et articulatoires isolées a eu un but entièrement pédagogique. Il faut connaître les parties d'un tout avant qu'on puisse étudier l'ensemble. Dans le langage réel, il est plutôt rare qu'un son apparaisse à l'état isolé. Le langage est construit de petites unités qui se groupent pour former d'autres unités de plus en plus grandes. Ce que nous entendons en écoutant et ce que nous produisons en parlant, ce sont des chaînes de sons — plus ou moins longues mais toujours complexes et analysables en unités plus petites. Les consonnes se réunissent avec les voyelles pour former des *syllabes*. Les syllabes forment ensemble des *groupes*, des *phrases* et des *périodes*. En se groupant ainsi, les sons s'influencent les uns les autres et se modifient de diverses façons. Nous avons déjà souligné en passant (p. 46) que les consonnes sont soumises à l'influence acoustique des voyelles et que les spectres vocaliques sont modifiés au contact des consonnes. Nous allons aborder maintenant l'étude plus systématique de quelques-uns des phénomènes principaux de la *phonétique combinatoire*.

Facilités de prononciation. — En prononçant les sons du langage, l'homme a tendance à obtenir le maximum d'effet avec un minimum d'effort. C'est la raison pour laquelle on cherche, en combinant les sons, à s'épargner autant que possible les mouvements articulatoires qui ne sont pas absolument indispensables pour l'effet acoustique voulu. Si l'on doit prononcer par exemple deux *t* de suite (dans un exemple comme *cette table*), on ne prononce normalement pas le premier *t* d'une façon complète, avec une occlusion suivie d'une explosion. Ce serait un travail superflu que d'ouvrir d'abord le passage de l'air pour le fermer de nouveau pour le deuxième *t*, dont le point et le mode d'articulation sont les mêmes. On garde le premier contact et on se contente d'une occlusion allongée (avec au milieu de cette occlusion une frontière syllabique, voir p. 77). On s'épargne de cette façon deux mouvements articulatoires, l'ouverture du premier et la fermeture du second *t*. C'est là un exemple d'une facilité de prononciation, due au contact de deux phonèmes identiques.

Si à la place de *t* + *t* on a à prononcer un groupe *t* + *d* (par exemple *tête de veau*), on agit de même, avec la seule différence qu'au milieu de l'occlusion les cordes vocales se mettent à vibrer, puisque la deuxième occlusive est sonore (1). Mais il n'y a qu'une seule occlusion. On fait l'inverse dans *rude travail* où c'est la sonore qui précède.

Dans le cas où l'on a à articuler un groupe constitué par deux consonnes nasales *(une maison, amnistie)*, le passage par le nez reste ouvert pendant tout le temps qu'il faut pour prononcer les deux consonnes nasales. On se dispense ainsi

---

(1) Je fais dans cet exemple abstraction du fait que, le plus souvent, il se produit aussi dans les groupes de ce genre une assimilation de sonorité dont nous avons parlé page 60 et sur laquelle nous reviendrons plus loin (p. 70).

du travail consistant à exécuter deux fois de suite un mouvement du voile du palais qui, dans ce cas, serait complètement inutile.

Prenons un autre exemple. Dans des cas comme *grande nation*, *robe moderne*, on a à prononcer les groupes *dn* et *bm*, donc des occlusives suivies de nasales ayant le même lieu d'articulation. La seule différence articulatoire entre *d* et *n* (*b* et *m*) est la position du voile du palais. En passant de *d* à *n* (ou de *b* à *m*), on se contente d'abaisser le voile du palais, tandis que la pointe de la langue garde sa place contre les dents. L'air, qui pendant l'occlusion complète a été de plus en plus comprimé dans la bouche, sort brusquement par le nez au moment de l'ouverture de l'entrée des fosses nasales. Il se produit une *explosion nasale* qui remplace l'explosion qui, normalement, a lieu contre les dents. Si au contraire la nasale précède l'occlusive (*une dame*, *femme brune*), il suffit de fermer le passage nasal pour transformer la nasale en occlusive. La pointe de la langue (ou les lèvres, s'il s'agit du groupe *m* + *b*) reste dans la même position.

Il se produit également une explosion nasale dans le cas où l'occlusive est une sourde (*t* + *n*, *p* + *m* ; ex. *centenaire*, *groupe moyen*). La seule différence est qu'au moment de l'explosion nasale, les cordes vocales se mettent à vibrer.

Si l'occlusive est suivie d'une latérale (groupes *d* + *l* ou *t* + *l*), l'explosion se fait des deux côtés de la langue, tandis que la pointe garde le contact dental. On entend une *explosion latérale* dans des mots comme *Madeleine*, *matelas*, ou dans des groupes comme *cette langue*, *rude larron*.

Caractères secondaires des consonnes. — Nous avons parlé plus haut (p. 46), à propos des phonèmes *k* et *g*, d'une tendance qu'ont certaines consonnes à changer le lieu de leur articulation selon les voyelles qui les entourent. Le cas de *k* et de *g* est extrême. Mais on peut constater une tendance analogue pour presque toutes les consonnes.

Les palatogrammes nous indiquent que le point d'articulation du *t* ou du *d* est plus avancé dans un groupe comme *ti* (*di*) que dans *tou* (*dou*). De même, *l* est plus avancé dans *lit* que dans *loup*. D'une façon générale, c'est la voyelle de la syllabe qui détermine si les consonnes qui l'entourent seront davantage palatalisées, ou vélarisées, ou plus ou moins labialisées. Pour la prononciation d'un groupe comme *tou* (ou *dou*), la langue et les lèvres prennent dès le début de la consonne la position qu'elles doivent occuper pour la voyelle. La langue se retire autant que l'articulation du *t* le permet, et les lèvres s'arrondissent. On aura un *t* (ou un *d*) *vélarisé* et *labialisé*. Il y a en réalité autant de *t* ou de *d* différents qu'il y a de combinaisons possibles de ces consonnes avec des voyelles. Ces différentes variantes combinatoires des phonèmes sont

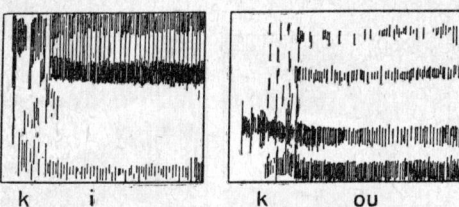

k i   k ou

Fig. 46. — Spectrogrammes des groupes *ki (à gauche)* et *kou* (d'après *Visible Speech*). Le bruit des consonnes prend sur les spectrogrammes la forme de traits noirs irréguliers (*à gauche* sur les figures). On voit nettement que le bruit caractéristique du *k* se trouve beaucoup plus haut sur l'échelle devant la voyelle antérieure (aiguë) *i* que devant la voyelle postérieure (grave) *ou*. Il s'agit en réalité de deux phénomènes acoustiques assez différents, quoique l'oreille les identifie.

inconscientes et les différences acoustiques qui existent — et qui apparaissent nettement sur les spectrogrammes — ne sont pas perçues par l'oreille.

Toute consonne a donc en réalité certaines caractéristiques supplémentaires en plus des qualités stables qui l'opposent aux autres phonèmes consonantiques du système. On a l'habitude de grouper ces phénomènes combinatoires sous les quatre rubriques suivantes :

1) *Palatalisation* = la couleur palatale (claire) que prennent les consonnes au contact des voyelles palatales (ou, dans certains cas aussi, des consonnes palatales) ;

2) *Vélarisation* = la couleur vélaire (sombre) que prennent les consonnes au contact des voyelles postérieures ;

3) *Labialisation* = l'arrondissement des lèvres qui accompagne les consonnes qui se trouvent en contact avec des voyelles labiales ;

4) *Labio-vélarisation* = la couleur en même temps vélaire et labiale que prennent les consonnes en contact avec des voyelles labio-vélaires *(ou, o)*.

Le consonantisme français est caractérisé d'une façon générale par une tendance très forte à faire subir aux consonnes l'influence du vocalisme environnant. Une consonne française devant *i* est en général plus palatalisée, devant *ü* plus labialisée, que dans beaucoup d'autres langues (surtout si l'on

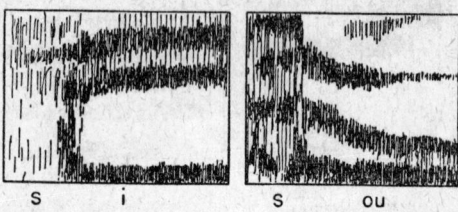

Fig. 47. — Spectrogrammes des groupes *si* et *sou* (*à droite*). On voit que les formants des voyelles sont déjà nettement perceptibles dans le bruit de la consonne précédente, qui tire sa couleur de la voyelle. Il s'agit en réalité de deux *s* différents, l'un coloré par le *i*, l'autre coloré par le *ou*. (D'après *Visible Speech*.)

compare avec l'anglais ou avec les autres langues germaniques). C'est surtout la tendance palatalisante qui est forte en français. Elle se fait sentir d'une façon encore plus nette en français populaire et dans certains dialectes.

Une autre façon de faciliter la prononciation est de supprimer certaines consonnes dans des groupes lourds *(que(l)que chose)*. Le traitement des groupes -*r(e)* et -*l(e)* est un autre exemple de la même tendance *(not(re) livre, tab(le) d'honneur*, etc.). On pourrait citer aussi dans cet ordre d'idées la célèbre règle des trois consonnes — formulée par le regretté Maurice Grammont. On dit *une petite fille* mais *la p(e)tite fille*, *je donn(e)rai* mais *je parlerai*, évitant ainsi des groupes consonantiques lourds (*npt, rlr*, etc.). Le français a tendance à insérer une telle

voyelle d'appui même dans les cas où il n'y a pas d'*e*
dans l'orthographe (*Arque de triomphe, ourse blanc*).

En passant d'un son à un autre, il faut souvent exécuter
plusieurs mouvements articulatoires simultanément. Parfois,
cette simultanéité n'est pas parfaite, et il se produit des *sons
parasites*. Si par exemple on a à passer d'un *n* à un *r*, le voile
du palais doit se relever, en même temps que la pointe de la
langue se met à vibrer (ou la luette, si c'est un *r* uvulaire).
Supposons que le voile du palais fasse son mouvement un
peu trop tôt. On entendra un *d* entre le *n* et le *r*. C'est de cette
façon qu'il faut expliquer la présence d'un *d* dans une forme
verbale comme *viendrai* ou dans le fr. *tendre* du latin *ten(e)re*.
Le *b* dans fr. *humble* de latin *hum(i)le* est dû à un développement analogue. Ces consonnes parasites ont souvent joué un
rôle important dans l'histoire phonétique des langues.

Assimilation. — Les modifications que les sons
subissent au contact d'autres sons et dont nous
venons de parler, ne sont pas de nature à changer les
qualités essentielles de ceux-ci. Un *l* labialisé et un *t*
vélarisé restent un *l* et un *t*, malgré leurs qualités
secondaires. Mais il peut arriver que ces modifications aillent plus loin et changent des qualités plus
importantes des sons. Celui qui, en parlant rapidement, dit *une heure é-n-mi* pour *une heure et demie*
ou *pen-nant* pour *pendant* prononce, sans le savoir,
un *n* à la place d'un *d*. Au contact de la consonne
suivante, le *d* de *demie* subit l'influence de celle-ci.
m est une nasale et si l'on nasalise un *d*, le résultat
devient un *n*. C'est donc par anticipation de l'abaissement du voile du palais que le *d* se change en *n*.
Dans le deuxième exemple, ce sont les deux voyelles
nasales qui transfèrent leur nasalité au *d* intervocalique, avec le même résultat. On appelle un tel
phénomène *assimilation*. Toutes les fois qu'un son
se rapproche d'un autre son en ce qui concerne son
mode ou son point d'articulation — et cela qu'il
lui devienne absolument identique ou non — il y a
assimilation.

L'assimilation peut être : 1) *Régressive* (ou anticipante), c'est-à-dire qu'un son assimile un autre son qui le précède (le premier des exemples ci-dessus) ; 2) *Progressive*, c'est-à-dire que le premier son assimile le deuxième ; ou 3) *Double*, comme dans le deuxième des exemples cités, où un son est assimilé par les deux sons qui l'entourent.

On peut aussi classer les phénomènes d'assimilation en deux groupes selon que les phonèmes qui s'influencent se trouvent en contact ou à distance dans la chaîne parlée. Dans nos deux exemples cités, il s'agit d'une *assimilation de contact* ou *assimilation proprement dite*. Quand, au contraire, certains Français disent *juchque* pour *jusque*, il s'agit alors d'une influence de la chuintante initiale sur la sifflante *s*, qui est transformée elle aussi en chuintante *(ch)*. C'est là une *assimilation à distance* ou *dilation*. Il y a eu dilation aussi quand l'ancien français *cerch(i)er* est devenu en français moderne *chercher*.

Ce sont surtout les voyelles qui s'influencent à distance. Si, en français, on entend souvent une voyelle inaccentuée palatale plus fermée dans *vous aimez* que dans *nous aimons*, il faut expliquer ce caractère fermé de la première voyelle dans *aimez* par l'influence dilatrice de la seconde, influence qui ne se fait pas sentir dans *aimons*. De même, si la voyelle *(ê)* est plus fermée dans *têtu* que dans *tête*, il faut voir là un effet de l'action dilatrice du *ü* fermé final. On appelle parfois la dilation vocalique *métaphonie*. Dans certains cas, on se sert aussi du terme allemand *umlaut*. Si dans certains pluriels allemands (comme *Söhne* de *Sohn* « fils », *Bücher* de *Buch* « livre »), il y a une voyelle palatale, tandis que le radical a une voyelle vélaire, on explique cette alternance par le fait qu'il y a eu autrefois dans la terminaison un *i* (élément palatal) qui, par dilation, a transformé la voyelle vélaire en voyelle palatale. Il y a aussi des traces de l'ancien umlaut germanique en anglais dans des pluriels comme *men* de *man* « homme », *geese* de *goose* « oie », *feet* de *foot* « pied ».

Dans certaines langues, cette dilation vocalique joue un

grand rôle dans les paradigmes des substantifs et des verbes. Le pluriel turc est en -*lar* ou en -*ler* selon que le radical contient une voyelle vélaire ou une voyelle palatale. Le pluriel de *at* « cheval » est *atlar*, celui de *gül* « rose » est *güller*. L'ablatif finnois est en -*lta* ou en -*ltä* selon que le radical a une voyelle postérieure ou une voyelle antérieure (*asemalta* « de la gare », mais *järveltä* « du lac »). On appelle ces phénomènes *harmonie vocalique*.

Le consonantisme français est très riche en phénomènes d'assimilation. C'est surtout au point de vue de la sonorité que les consonnes agissent les unes sur les autres quand elles sont combinées dans le mot ou dans la phrase. Dans des mots comme *trois*, *pli*, *craie*, les liquides s'assourdissent plus ou moins au contact de l'occlusive sourde précédente. Dans *pied*, *puis*, *fois* les « semi-voyelles » subissent un traitement analogue. Dans ces exemples il y a donc assimilation progressive au point de vue de la sonorité. Dans *tête de veau*, *bec de gaz*, *coupe de champagne* les *t*, *k* et *p* deviennent le plus souvent sonores devant la consonne sonore suivante (assimilation régressive), tout en gardant pourtant leur caractère de consonnes *fortes* (voir p. 60).

Dissimilation et différenciation. — La tendance assimilatrice est pour ainsi dire une force négative dans la vie des langues. Elle tend à réduire autant que possible les différences entre les phonèmes. Il est évident que si cette tendance pouvait agir librement, elle finirait par réduire à zéro les distinctions entre les phonèmes, distinctions indispensables pour la compréhension, qui repose sur des différences. Si les effets de l'assimilation menacent des distinctions importantes, il arrive souvent que la langue réagisse en rétablissant les différences indispensables ou en accentuant encore davantage l'individualité des phonèmes. En réalité, les sons que nous prononçons effectivement sont le résultat d'un compromis entre la tendance assimilatrice — la paresse humaine, si l'on veut — et la nécessité de se faire comprendre.

Un changement phonétique qui a pour but d'accentuer la différence entre deux phonèmes est appelé une *dissimilation*, si les phonèmes en cause se trouvent à distance, une *différenciation*, s'il s'agit de deux phonèmes en contact. La dissimilation sert parfois aussi à éviter une répétition gênante de deux phonèmes identiques. C'est de cette façon qu'il faut expliquer le français populaire *colidor* pour *corridor* ou le fr. moderne *couloir* d'un plus ancien *couroir*, l'espagnol *árbol* « arbre » du latin *arbor*, etc. Ce sont là des phénomènes de dissimilation. Il y a par contre différenciation dans le traitement de l'ancienne diphtongue française *ei* dans *mei* « moi », *rei* « roi », qui s'est transformée en *oi* (prononcé d'abord comme $o + i$, comme en anglais *boy*). Les deux éléments de la diphtongue se sont éloignés de plus en plus l'un de l'autre quant au timbre. C'est par un développement en principe analogue que l'allemand *ei* (de *mein* « mon », *Bein* « jambe », etc.) en est venu à se prononcer comme *ai* $(a + i)$.

Interversion et métathèse. — Il arrive parfois que les phonèmes changent de place dans la chaîne parlée. Si les phonèmes qui changent de place se trouvent en contact, on parle d'*interversion*. S'ils se trouvent à distance, on parle de *métathèse*. Parfois on appelle les deux phénomènes métathèse. Il y a interversion quand le latin *formaticum* a donné en français *fromage* et quand le nom propre *Roland* a pris en italien la forme d'*Orlando*. Les prononciations populaires françaises *lusque* pour *luxe* et *fisque* pour *fixe* sont aussi des exemples d'interversion. Il y a métathèse dans la forme populaire espagnole *flaire* pour *fraile* « moine », ou dans la prononciation populaire, dialectale ou enfantine *mazaguin* pour *magasin*. Les métathèses sont fréquentes dans le langage des enfants (*crouvir* pour *couvrir*, etc.). Ce sont souvent les liquides (*r* et *l*) qui échangent ainsi leurs places par rapport à la voyelle. Le latin *periculum* a donné en espagnol *peligro* (métathèse d'une forme intermédiaire *periglo*), de même *miraculum* > *milagro*, etc.

Hapaxépie. — Si, dans la chaîne parlée, on se contente d'articuler une seule fois un groupe de phonèmes qui devrait être prononcé deux fois de suite, on parle d'*hapaxépie* ou d'*haplologie*. Dans quelques mots, une telle prononciation s'est fixée et est devenue correcte (*tragi-comique* pour *tragico-comique*, *morphonologie* pour *morphophonologie*). C'est par une espèce d'hapaxépie qu'on explique les adverbes anglais du type *probably* de *probable* (pour *probable-ly*).

Sandhi. — Quand les phénomènes de phonétique combinatoire dont nous venons de parler se produisent par suite de la combinaison des mots dans la phrase (par exemple l'assourdissement du *g* final de *vague* dans *un vague sentiment*), on parle de *sandhi*, terme emprunté aux anciens grammairiens hindous et qui signifie « jonction », « union ». Les phénomènes de sandhi étaient particulièrement fréquents dans l'ancienne langue des Indes (le sanscrit), mais sont aussi caractéristiques de certaines langues modernes (par exemple le russe). Nous avons vu qu'on en trouve bon nombre d'exemples aussi en français.

Phénomènes synchroniques et phénomènes diachroniques. — Il est important, en parlant des phénomènes de phonétique combinatoire, de faire une distinction entre les phénomènes qui se produisent à l'intérieur d'un système phonétique par suite des habitudes propres à la langue en question, et les faits historiques. Les habitudes combinatoires sont différentes d'une langue à l'autre. Si on combine en français une consonne en fin de syllabe avec une consonne qui commence une syllabe suivante (le groupe *tl* dans *vous êtes là*), c'est la consonne finale de syllabe qui est assimilée. Dans notre exemple, le *t* devient sonore. Si on fait la même combinaison *(tl)* en suédois (*ett litet barn* « un petit enfant »), c'est le *l* qui s'assimile au *t* et qui s'assourdit. En suédois c'est toujours la consonne sourde qui assimile la sonore. En français c'est tantôt l'une, tantôt l'autre, selon la place qu'occupe la consonne dans la syllabe. Nous avons là un exemple de *règles combinatoires*. Les phénomènes combinatoires de ce genre sont des phénomènes *synchroniques*.

Si par contre le lat. *formaticum* a abouti en français à *fromage*, ou si le lat. *miraculum* a donné en espagnol *milagro*, nous avons affaire à un changement phonétique qui s'est produit au cours des siècles, donc à un *phénomène historique* (ou *diachronique*). Les changements phonétiques ont souvent commencé par des phénomènes combinatoires — parfois même par de véritables fautes de prononciation *(lapsus linguae)* — qui pour une raison ou pour une autre se sont fixés et ont fini par devenir constants. Ce sont là des problèmes sur lesquels nous aurons à revenir plus loin.

La syllabe. — Nous avons déjà souligné à plusieurs reprises que les sons se groupent en unités phonétiques plus grandes. La plus importante de ces unités est la *syllabe*. Elle est une des notions fondamentales de la phonétique. Si l'on n'est toujours pas d'accord quand il s'agit de définir la syllabe, c'est en partie parce qu'on a choisi des points de vue différents pour sa définition (acoustiques, articulatoires, fonctionnels), en partie aussi parce que les appareils dont on a disposé jusqu'ici n'ont pas permis aux phonéticiens de délimiter les syllabes sur les courbes ou les tracés obtenus. Mais il serait erroné d'en vouloir tirer la conclusion que la syllabe n'existe pas et que le groupement des phonèmes en syllabes soit une pure convention sans fondement dans la réalité objective (Panconcelli-Calzia). Même une personne sans formation linguistique a le plus souvent un sentiment très net du nombre des syllabes qu'il y a dans une chaîne prononcée. Le seul fait que la versification est si souvent basée sur le nombre des syllabes (par ex. en français) nous fournit une preuve que la syllabe est une unité phonétique dont les sujets parlants sont parfaitement conscients. Il s'agit pour la phonétique de tâcher de trouver la réalité acoustique et articulatoire qui est à la base de ce groupement des sons en syllabes.

On appelle *ouverte* une syllabe qui se termine par une voyelle, et *fermée* une syllabe où la voyelle est suivie d'une ou de plusieurs consonnes. Dans le mot français *garder*, la première syllabe *(gar-)* est fermée, la deuxième ouverte.

Selon l'opinion traditionnelle une syllabe était constituée par une voyelle formant *support* ou *noyau*, et entourée de consonnes (d'où le nom de « consonne » = qui sonne avec quelque chose, qui ne peut pas sonner seul). Les voyelles étaient appelées aussi des *sonantes*, parce qu'elles étaient capables de sonner sans l'appui d'autre chose. C'est là une conception fonctionnelle de la syllabe et des notions de voyelle et de consonne. D'après cette définition, le *r* du tchèque *krk* « cou » est une voyelle, parce qu'il fonctionne comme noyau syllabique. Le *l* syllabique de l'anglais *little*, *bottle*, est aussi une voyelle, parce qu'il constitue seul une syllabe. On sera forcé aussi de classer le *s* de l'interjection *pst* comme une voyelle, parce qu'il a dans ce cas la fonction de support syllabique. Avec cette définition de la syllabe, des voyelles et des consonnes, on sera obligé de classer tout phonème qui, dans un cas donné, joue le rôle de noyau syllabique, dans le groupe des voyelles, et tout phonème qui n'a pas ce rôle dans le groupe des consonnes. On sera alors obligé de définir la syllabe différemment d'une langue à l'autre, de même que la voyelle et la consonne. C'est effectivement ce qu'il faut faire. Chaque langue a ses règles propres de groupement des phonèmes en syllabes. Le même groupe qui, dans une langue, est prononcé en une seule syllabe, doit être nécessairement prononcé dans une autre langue comme deux. Les mots français en *-oir* empruntés par le suédois (*lavoir, boudoir,* etc.), sont prononcés dans cette langue avec un groupe dissyllabique *-ouar* (le *lavoir* suédois a trois syllabes), parce que le suédois ne connaît pas le *ou* consonne et que la langue, par conséquent, fait automatiquement deux syllabes d'une suite *ou + a*.

Mais une telle définition fonctionnelle (structurale) de la syllabe ne nous dispense pas de chercher ce qui caractérise, dans l'onde sonore et dans les articulations, l'unité ainsi définie et ce qui se produit quand nous passons d'une syllabe à l'autre.

Le phonéticien danois Otto Jespersen voyait dans la tendance des sons à se grouper d'après leur *sonorité* (ou leur audibilité) un facteur décisif pour la constitution de la structure syllabique. Selon Jespersen, les phonèmes se groupent autour du phonème le plus sonore (souvent, mais pas toujours, une voyelle) selon leur degré de sonorité. Jespersen a groupé les sons au point de vue de la sonorité de la manière suivante (en commençant par les moins sonores) :

1) Consonnes sourdes :
    a) Occlusives *(p, t, k)* ;
    b) Fricatives *(f, s,* etc.) ;
2) Occlusives sonores *(b, d, g)* ;
3) Fricatives sonores *(v, z,* etc.) ;
4) Nasales et latérales *(n, m, l,* etc.) ;
5) Vibrantes *(r)* ;
6) Voyelles fermées *(i, ü, ou)* ;
7) Voyelles mi-fermées *(é, ó, è, ò,* etc.) ;
8) Voyelles ouvertes *(a,* etc.).

Des syllabes du type *plaire, frêle, lierre* sont par conséquent conformes au schéma de Jespersen. La syllabe serait d'après ce phonéticien la *distance entre deux minima de sonorité*. Mais il existe en réalité des syllabes qui sont en contradiction avec le schéma de Jespersen. Le latin *stare* l'est — puisque le *s* est un peu plus sonore que le *t* et le mot, néanmoins, ne contient que deux syllabes — le fr. *strict* aussi. Les langues germaniques et slaves offrent des exemples d'exceptions encore plus frappantes à la règle de Jespersen. Le suédois *spotskt* « d'une manière arrogante » serait de trois syllabes, si l'on s'en tenait à la sonorité des phonèmes, alors qu'il ne contient qu'une seule syllabe.

D'un autre côté, il est évident que, dans beaucoup de langues, il y a une nette tendance à rapprocher le plus possible la structure des syllabes de l'idéal décrit par Jespersen. Le latin *stare* s'est transformé en *istare* ou *estare* par l'addition d'une voyelle épenthétique qui a rendu le groupe *sta-* dissyllabique. C'est à cette forme que remonte l'espagnol *estar*, et l'ancien français *ester* (d'où le part. passé moderne *été*, après la chute du *s* préconsonantique). C'est donc un développement qui a rendu la structure syllabique du mot plus conforme à l'idéal. La théorie de Jespersen, qui a été acceptée entre autres par le phonéticien anglais Daniel Jones, est une bonne description de la syllabe idéale mais ne nous dit pas ce qui est, en toutes circonstances, essentiel à la syllabe. Elle ne nous dit pas non plus où se trouve la limite entre les syllabes, ce qu'on appelle la *frontière syllabique*.

Il ressort du tableau ci-dessus que le groupement des sons d'après la sonorité est aussi, *grosso modo*, un groupement d'après le degré d'aperture. Une voyelle est plus sonore et aussi plus ouverte qu'une consonne, une occlusive est plus fermée (et moins sonore) qu'une fricative, un *a* plus ouvert et plus sonore qu'un *i*, etc. Le linguiste suisse Ferdinand de Saussure avait formulé déjà auparavant et indépendamment de Jespersen, une définition de la syllabe basée sur le degré d'aperture des sons. D'après lui, les consonnes se groupent autour des voyelles selon leur degré d'aperture. La frontière syllabique se trouve là où l'on passe d'un son plus fermé à un son plus ouvert. Il est par conséquent possible, du moins dans certains cas, de détermi-

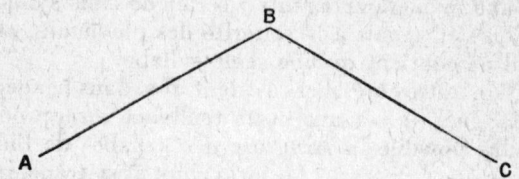

Fig. 48. — La ligne A-B symbolise la tension croissante de la syllabe
la ligne B-C la tension décroissante
Le point B est le point culminant de la syllabe

ner, à partir de cette définition de la syllabe, la place de la frontière syllabique, qui dans beaucoup de langues joue un rôle linguistique important.

Saussure appelait l'aperture successive se produisant au commencement de la syllabe l'*explosion*, et la fermeture à la fin *l'implosion*. Cette terminologie est devenue courante en phonétique moderne, et on appelle *implosive* toute consonne qui se trouve après le noyau vocalique (la voyelle) de la syllabe, *explosive* toute consonne qui se trouve devant la voyelle. D'après Saussure, une syllabe peut être symbolisée par le signe $<\,>$ (aperture + fermeture). Partout où l'on a $>\,<$ (fermeture + aperture), il y a une frontière syllabique.

Le phonéticien français Maurice Grammont et, après lui, M. Pierre Fouché, ont défini la syllabe en termes physiologiques. La syllabe est caractérisée d'après ces savants par une *tension croissante* des muscles de l'appareil phonatoire, suivie d'une *tension décroissante.* L'articulation est donc plus énergique au début de la syllabe et décroît graduellement à partir de la voyelle. On peut donc, avec M. Fouché, caractériser la syllabe par le schéma ci-contre.

Il est évident que la théorie syllabique de Grammont et de Fouché contient quelque chose d'essentiel pour la solution du problème de la syllabe. Elle est confirmée par un grand nombre de faits de la phonétique historique, qui nous enseigne que les consonnes implosives s'affaiblissent ou disparaissent plus facilement que les consonnes explosives, dont l'articulation est plus énergique et qui résistent beaucoup mieux aux forces destructrices (l'assimilation, l'aperture, la vocalisation). Cette théorie a été confirmée aussi, récemment, par des résultats obtenus dans le domaine de la phonétique acoustique.

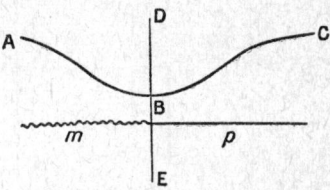

Fig. 49. — Enregistrement kymographique d'un groupe um/pu (d'après Fouché). La ligne du haut (A-B-C) montre la tension des muscles laryngiens. La ligne horizontale est la courbe du nez (vibrations nasales pour le m, pas de vibrations pour le p). La ligne verticale D-E est la frontière syllabique.

Le phonéticien américain Stetson, qui a mesuré l'activité des muscles de la respiration et qui pense avoir constaté l'existence d'un rapport entre les syllabes et l'innervation des muscles respiratoires, a aussi comparé les courbes de ces variations musculaires avec une courbe d'intensité sonore. Il semble qu'il y ait une correspondance parfaite. Au cours de la production de la syllabe, l'intensité sonore croît et décroît parallèlement aux variations de l'activité des muscles respiratoires. Les courbes d'intensité obtenues par le phonéticien allemand E. Zwirner montrent aussi une correspondance entre les maxima d'intensité et les syllabes.

Ces données acoustiques sont facilement conciliables avec la théorie physiologique des phonéticiens français. Si la tension des muscles du larynx

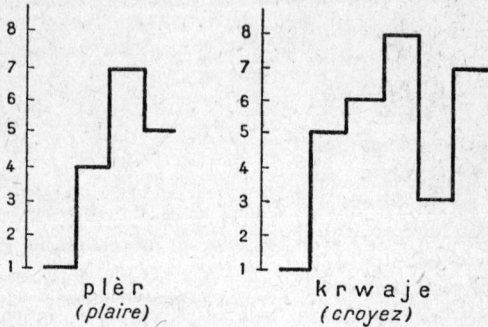

Fig. 50. — Schéma syllabique, selon le système de Jespersen, de deux mots français : *plaire* et *croyez*. Chaque sommet représente une syllabe, indépendamment de sa hauteur absolue. Les mots sont donc respectivement d'une et de deux syllabes.

et de la bouche augmente, cette augmentation se traduit acoustiquement par un renforcement de l'intensité des sons produits. L'intensité sonore croît avec la tension des muscles. Stetson qui a mesuré aussi la pression des lèvres et de la langue ainsi que la pression de l'air dans la bouche a constaté une pression plus forte au début, et moins forte vers la fin de la syllabe. Ces résultats sont parfaitement conciliables avec l'idée des variations de la tension musculaire dans son ensemble.

Le mot, le groupe, la phrase. — Si l'on demande à un non-linguiste quelle est l'unité supérieure dans laquelle les syllabes se groupent à leur tour, celui-ci répondra probablement que c'est le *mot*. Mais il est important de souligner que le mot n'est pas en premier lieu une unité phonétique. Tandis que le nombre de syllabes d'une phrase prononcée peut être déterminé uniquement à l'aide de critères phonétiques, sans qu'on se soucie du sens de l'énoncé, il faut pour analyser la phrase en mots en connaître aussi le sens. Le mot est une unité du *contenu* linguistique, non pas de l'*expression*. C'est une unité *sémantique* et non pas une unité phonétique. Un Français qui entend un groupe comme *lavoir*, dira tout de suite que ce groupe contient deux syllabes, mais il a besoin de l'entendre dans un contexte pour savoir s'il s'agit d'un mot ou de deux (de *lavoir* ou de *l'avoir*). Une personne qui ignore le français et qui entend prononcer un groupe comme *je l'ai vu*, entendra probablement le nombre de syllabes qu'il y a mais sera absolument incapable de nous dire le nombre de mots, tant qu'il ne comprend pas le sens.

En réalité, c'est le *groupe phonétique* qui est l'unité supérieure que nous cherchons. En français, le groupe phonétique est déterminé par la présence d'un accent d'intensité (voir p. 91) sur la dernière syllabe prononcée. Si nous disons *un enfant*, il y a un seul accent d'intensité (sur -*fant*). C'est un groupe phonétique. Si nous disons *un enfant pauvre*, il n'y aura toujours qu'un seul accent (sur *pau*-) mais plus d'accent sur -*fant*. Ce sera toujours un seul groupe. (Si nous disons par contre *l'enfant joue*, il y aura deux accents et par conséquent deux groupes.) Nous avons ici un exemple d'une particularité de la phonétique de la phrase en français. Le mot perd son accent propre et est dominé par l'accent du groupe. Dans un cas analogue, l'Anglais se servirait de deux accents, un sur l'adjectif et un sur le substantif *(a poor child)*. Il en ferait deux groupes phonétiques, correspondant chacun à l'un des deux mots pleins de la phrase. Le Français n'en fait qu'un seul groupe. Il y a en français moins de correspondance entre l'unité phonétique qu'est le groupe et l'unité sémantique qu'est le mot, que par exemple, dans les langues germaniques.

Les groupes phonétiques forment à leur tour des

phrases, déterminées phonétiquement par la respiration et par l'interruption de la chaîne prononcée, interruption nécessaire pour inspirer de l'air. La longueur des phrases respiratoires varie beaucoup selon les individus et le caractère de l'énoncé. L'enseignement de la diction a entre autres choses pour but d'apprendre aux élèves une bonne respiration qui leur permettra de faire coïncider les pauses respiratoires avec les pauses naturelles conditionnées par le contenu du texte. L'art de bien parler consiste en grande partie à créer une correspondance aussi parfaite que possible entre le contenu et l'expression (le sens et les sons).

La base articulatoire. — On appelle souvent, d'un terme un peu impropre, *base articulatoire* l'ensemble des habitudes articulatoires qui caractérisent une langue. Nous avons déjà donné ci-dessus des exemples de différences considérables entre les langues à ce point de vue. Telle langue a une prédilection pour les articulations antérieures (dentales, apicales, palatales), telle autre pour les articulations postérieures (vélaires, pharyngales, laryngales). Dans plusieurs langues, les lèvres jouent un grand rôle et on se sert de l'arrondissement labial pour distinguer un timbre vocalique d'un autre. La labialisation, quand on s'en sert, y est forte. Dans d'autres langues, on se sert peu des lèvres, et la labialisation, quand on l'utilise, y est faible. Il y a des langues où les consonnes subissent une forte influence de la part des voyelles. Il y en a d'autres où cette influence est restreinte. Certaines langues ont une articulation énergique, tandis que d'autres sont caractérisées par un relâchement articulatoire qui, souvent, crée une tendance à diphtonguer les voyelles. Ce sont toutes ces particularités articulatoires qui sont comprises sous la rubrique « base articulatoire ».

Si nous comparons, pour donner un exemple concret, la base articulatoire du français avec celle de l'anglais, nous verrons que ces deux langues, au point de vue phonétique, sont aux antipodes. Toute l'articulation française est caractérisée par une tendance antérieure. Les *t, d, n* sont des dentales pures. Les consonnes se palatalisent facilement dans un entourage palatal. Quelques voyelles de la série postérieure ont tendance à avancer leur point d'articulation dans la bouche (*ou* et *ò* ouvert). Le système phonétique français est aussi dominé par l'articulation labiale. La langue connaît une série complète de voyelles antérieures arrondies. Et la labialisation, quand elle a lieu, est très forte et prend la forme d'un véritable arrondissement des lèvres, et non pas seulement d'une certaine projection. Il n'y a pas de voyelles « mixtes ». Toute l'articulation est tendue et énergique. Les voyelles ont un timbre précis et ne montrent aucune tendance à la diphtongaison. L'accent expiratoire (voir p. 91) est faible, et les syllabes inaccentuées sont presque aussi nettement articulées que les syllabes accentuées. Il n'y a pas de voyelles relâchées. La nasalisation des voyelles nasales est très forte et oppose d'une façon nette les voyelles nasales aux voyelles orales. Le mot perd son individualité phonétique dans la phrase.

L'anglais, au contraire, est caractérisé par une tendance à reculer les articulations dans la bouche. Les *t, d, n* sont alvéolaires. Les consonnes se palatalisent peu dans un entourage palatal. Les voyelles vélaires sont nettement postérieures. La labialisation est très faible et comporte seulement une certaine projection des lèvres. Il n'y a pas de série antérieure labiale. Il y a par contre des voyelles « mixtes ». L'articulation est relâchée et les diphtongues sont nombreuses. Certaines monophtongues (longues) tendent aussi à la diphtongaison. L'accent expiratoire est fort et les syllabes inaccentuées sont très faiblement articulées, de sorte que leur vocalisme se réduit à une voyelle neutre (« vocal murmur »). Les voyelles brèves sont relâchées par rapport aux longues. Il n'y a pas de voyelles nasales. L'anglais américain, par contre, est connu pour sa tendance à nasaliser toute l'articulation (« nasal twang »). Le mot anglais garde beaucoup plus que le mot français son indépendance phonétique dans la phrase, où tous les mots pleins (substantifs, adjectifs, adverbes, verbes) ont leur accent propre.

Il n'est donc pas étonnant que l'Anglais prononce souvent mal le français, et le Français mal l'anglais. Leurs bases articulatoires sont très différentes, parfois directement opposées.

Chapitre VIII

LA QUANTITÉ

Les sons du langage peuvent se distinguer les uns des autres non seulement par des différences qualitatives mais aussi par leur *durée* (extension dans le temps). Tous les sons à l'exception des occlusives peuvent être allongés autant que l'air pulmonaire le permet. Et les occlusives elles-mêmes sont susceptibles d'un certain allongement, puisque l'occlusion peut être prolongée à l'intérieur de certaines limites. On appelle aussi cette durée des sons leur *quantité*. Il y a toute une série de facteurs qui déterminent ensemble la quantité de chaque phonème.

Quantité objective (mesurable). — La durée d'un son concret, articulé à un certain moment dans un contexte donné (mettons le t de *chanter* dans une phrase prononcée devant l'embouchure d'un cylindre enregistreur) peut être mesurée sur un tracé et calculée en centièmes de seconde. On peut aussi calculer la durée d'un grand nombre de t dans le même contexte ou dans des contextes différents, chez un seul individu ou chez plusieurs, et calculer la moyenne. Ou bien on peut comparer la moyenne d'un grand nombre de t avec la même moyenne pour d, ou pour k, etc. On peut comparer la durée d'un i devant t et celle du i devant s, ou la durée moyenne du i dans une position donnée avec celle du a dans la même position, et arriver ainsi à des chiffres moyens pour chaque phonème et pour chaque position. Si l'on constate que le *t* dans notre exemple ci-dessus a duré quatre centièmes de seconde, nous avons affaire à une quantité *absolue*. Si par contre nous constatons qu'un *i*, dans une position donnée, est toujours plus bref qu'un *a*, ou que la même voyelle est plus longue devant *s* que devant *t*, nous avons affaire à une durée *relative*.

L'examen instrumental des variations de durée des phonèmes a montré des différences intéressantes. Il est d'abord à remarquer que la quantité de chaque phonème dépend de la vitesse du débit. Plus on parle vite, plus chaque son s'abrège, et inversement. Puis la durée des phonèmes dépend de la longueur du groupe prononcé. Plus celui-ci est long, plus chaque phonème s'abrège. Mais la durée des phonèmes dépend aussi de leurs qualités phonétiques propres. Nous allons donner quelques exemples des règles qui déterminent ainsi la quantité des sons et qui semblent être à peu près générales dans toutes les langues. Ces règles sont dues en grande partie aux recherches faites sur un grand nombre de langues par E. A. Meyer.

Plus une voyelle est fermée, plus sa durée est brève, toutes conditions égales d'ailleurs. Un *i* est plus bref qu'un *é*, un *é* plus bref qu'un *a*. Les voyelles postérieures sont souvent un peu plus brèves que les voyelles antérieures correspondantes. Les diphtongues sont plus longues que les monophtongues. Un *i* bref anglais devant *t* montre une quantité moyenne de 13,9 c/s, *o* ouvert (bref) une moyenne de 20,1, la voyelle de *man* 22,4. Pour *i* long et *a* long (devant *t*) les chiffres sont respectivement 20,1 et 29,2.

En outre, la quantité vocalique dépend aussi de la consonne suivante. Une voyelle est plus longue devant une spirante que devant une occlusive, et plus longue devant une consonne sonore que devant une sourde. Les consonnes nasales et *l* abrègent les voyelles, le *r* les allonge. Parmi les consonnes, les spirantes sont plus longues que les occlusives, une sourde plus longue qu'une sonore.

Quantité subjective (linguistique). — Quand on parle de quantité en phonétique, on comprend pourtant en général tout autre chose que ces petites variations dont nous venons de donner des exemples. Celles-ci sont automatiques et inconscientes. Il faut des appareils et des mesures minutieuses pour les découvrir. Elle ne peuvent donc pas jouer de rôle linguistique proprement dit. Dans un très grand nombre de langues on se sert pourtant des différences de quantité comme des différences qualitatives pour distinguer mots et formes. En français, il y a une différence quantitative entre les voyelles dans *bête* et *bette*, *reine* et *renne* (où il peut en tout cas y en avoir une). Dans un tel cas, une voyelle brève s'oppose à une voyelle longue comme un *i* s'oppose à un *a*. Certaines langues font un grand usage des différences quantitatives. En latin, le présent *vĕnit* « il vient » se distinguait du parfait *vēnit* uniquement à l'aide de la quantité de la voyelle *e*. Les langues finno-ougriennes (finnois, estonien, etc.) se servent beaucoup de différences quantitatives, même en syllabe inaccentuée. En finnois, *tule* veut dire « viens » (impératif), *tulee* « il vient » (présent de l'indicatif). L'estonien connaît trois degrés de longueur vocalique : bref, long et très long. Le mot *sada* (*a* bref) signifie « cent », *saada* (*a* long) « envoie » (impératif) et *saada* (*a* très long) « avoir la permission de » (infinitif), etc. Dans les langues germaniques, les différences quantitatives vocaliques sont le plus souvent accompagnées d'importantes différences qualitatives (angl. *beat* : *bit*, *naught* : *not* ; allemand *fühlen* : *füllen*). Les voyelles brèves sont en même temps plus ouvertes et plus relâchées.

Ce type de différences quantitatives implique que le phonème « long », dans un entourage phonétique donné, a une durée suffisamment supérieure à celle du phonème « bref » pour que l'oreille perçoive la différence et que le sujet parlant ait une impression nette de la distinction. Il suffit donc qu'un i long soit nettement plus long qu'un i bref devant la même consonne. Mais rien n'empêche qu'un a « bref » puisse avoir la même durée, ou être plus long, qu'un i « long ». Meyer a démontré que le a anglais de *man* (« bref ») est plus long (22,4 centièmes de seconde) qu'un i « long » (20,1). Nous appellerons cette quantité perçue et consciente *quantité subjective* (ou quantité *fonctionnelle* ou *linguistique*). C'est à cette quantité qu'on pense quand on parle en linguistique de « longues » et de « brèves ».

Certaines recherches faites récemment dans le domaine de la quantité phonétique ont pourtant démontré que ce que nous percevons subjectivement comme une différence de quantité ou de longueur est objectivement autre chose. La durée subjective longue est souvent accompagnée d'une mélodie descendante qui, du moins dans certains cas, est la seule différence qu'on puisse constater objectivement entre la « longue » et la « brève », qui est caractérisée à son tour par une mélodie ascendante ou unie. La durée mesurée peut être la même pour les « longues » et pour les « brèves ». C'est à Marguerite Durand que nous devons ces résultats remarquables, basés sur des matériaux tirés de langues les plus diverses. Seulement, il ne faut pas trop généraliser. Il est parfaitement possible de combiner une quantité subjective longue avec une mélodie ascendante et vice-versa, comme l'auteur de ces lignes croit l'avoir démontré à l'aide de matériaux suédois et norvégiens. Si, par conséquent, la notion de quantité (subjective) en phonétique est souvent basée sur d'autres différences que celles de durée, il est d'autre part évident que les différences quantitatives proprement dites peuvent jouer un rôle linguistique et qu'elles le font souvent. Il semble, d'après les mesures faites, que les « longues » soient en général plus longues que les « brèves » d'environ 50 % au moins, dans les cas où il s'agit de véritables différences quantitatives.

Les consonnes peuvent aussi être longues ou brèves (quantité subjective). Dans les cas où une consonne longue est scindée en deux parties par une frontière syllabique, on parle d'une *consonne géminée* (ou parfois *double*). Une géminée peut être définie comme une suite : consonne implosive + consonne explosive, ces deux consonnes étant par ailleurs identiques. Les géminées sont bien représentées dans certaines langues, moins bien dans certaines autres. L'italien est riche en géminées *(fatto, bello)*, l'espagnol n'en a pas, l'anglais non plus.

Quantité en français. — La quantité vocalique joue un rôle assez restreint en français. Dans la plupart des cas, la quantité est déterminée par la place de la voyelle dans la chaîne prononcée. Il est à remarquer d'abord que la quantité longue n'existe qu'en syllabe accentuée. En syllabe inaccentuée la voyelle est normalement brève, tout au plus demi-longue. En finale absolue, toute voyelle est brève, indépendamment de l'orthographe *(beau, fait, aimées, vendues)*. On a beaucoup discuté pour savoir s'il existe encore quelques traces de la différence de longueur qui a dû distinguer autrefois le masculin du féminin *(aimé* de *aimée*, etc.). Dans les cas où il existe encore une possibilité d'opposition en parisien — et certaines personnes le prétendent — ce doit être une légère différence de ton (de mélodie) plutôt qu'une véritable opposition quantitative.

Devant consonne la quantité vocalique est réglée en grande partie par le consonantisme. Toute voyelle est longue devant les spirantes sonores *(rose, cage, veuve)*, *r* final et *vr*. Toute voyelle nasale (ainsi que *œ́* et *ó* (fermés) et *a* postérieur) est longue devant toute consonne prononcée *(grande, jeûne, rôle, pâte)*. Le nombre des cas où la quantité seule distingue deux mots *(bette : bête, renne : reine)* est restreint, et le Français n'est pas habitué à attribuer beaucoup d'importance aux variations de quantité vocalique. Toutes les fois qu'un mot à voyelle longue vient à se trouver sans accent dans la phrase — ce qui arrive relativement souvent en français (cf. p. 81) — les voyelles s'abrègent plus ou moins, et ce fait contribue encore à la faiblesse des oppositions quantitatives françaises.

Les différences quantitatives dans le consonantisme français ne jouent de rôle

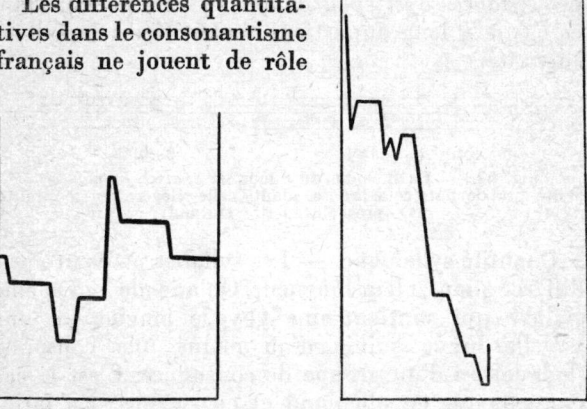

Fig. 51. — Courbes mélodiques du *a* nasal bref de *content (à gauche)* et du *a* nasal long de *contente (à droite)*. La voyelle subjectivement longue est caractérisée par une mélodie fortement descendante. (D'après Marguerite Durand.)

linguistique que dans certains cas spéciaux. Les graphies doubles de l'orthographe correspondent le plus souvent à des consonnes simples dans la prononciation *(aller, mettons, guerre)*. Il y a une tendance, dans la prononciation moderne, à introduire des géminées dans certains mots savants, sous l'influence de l'orthographe *(villa, illusion, collègue, immigration)*. Le *r* est géminé au futur et le conditionnel des verbes *courir, mourir* et *acquérir (courrai, mourrait,* etc.). A part ces cas, la gémination en français est due ou bien à la chute d'un *e* féminin *(tir(e)rait, nett(e)té, extrêm(e)ment, là-d(e)dans)*, ou bien à la rencontre de deux mots dans la phrase *(grande dame, une noix)*. On dit aussi *il l'a dit*, et même souvent *je l'ai dit*, avec un *l* géminé.

Il y a une consonne longue explosive (et non pas une géminée) dans les syllabes qui portent un accent d'*insistance* (*c'est épouvantable !* ; voir p. 93). Dans ce cas le *p* long appartient tout entier à la syllabe suivante.

è long   è bref

Fig. 52. — La mélodie du *è* long de *épaisse* *(à gauche)* et du *è* bref de *épais* (celle-là descendante, celle-ci légèrement montante)
(D'après Marguerite Durand)

Quantité syllabique. — Les syllabes peuvent aussi différer quant à leur longueur. On appelle longue une syllabe qui contient une voyelle longue, ou une voyelle brève suivie d'au moins une consonne (longue) ou d'un groupe de consonnes. C'est le cas par exemple en allemand et en suédois. En latin, une syllabe longue valait en métrique deux syllabes brèves. La syllabe longue contenait deux *mores*, la syllabe brève une seule. Certaines langues germaniques (l'allemand, le suédois) ne connaissent à l'époque moderne que des syllabes longues. Une syllabe contient ou bien une voyelle longue, ou bien une voyelle brève suivie d'une consonne longue (ou géminée) ou d'un groupe de consonnes. Certaines langues (comme le finnois) connaissent les quatre possibilités de combinaisons : voyelle brève +
+ consonne brève, voyelle brève + consonne longue, voyelle longue + consonne brève et voyelle longue + consonne longue (ex. finnois *tuli* « feu », *tulli* « douane », *tuuli* « vent », *tuulla* « faire du vent »).

Chapitre IX

LES ACCENTS

Certaines parties d'une chaîne de sons peuvent être mises en relief aux dépens des autres. Ce sont le plus souvent les syllabes qui sont opposées ainsi les unes aux autres à l'aide de certaines caractéristiques appelées les *accents*. Un accent ne caractérise pas un seul phonème mais une suite de phonèmes. Les moyens phonétiques qui sont employés pour distinguer les unes des autres ces unités plus grandes que les phonèmes (mores, syllabes, groupes) sont appelés aussi *prosodiques*.

La mise en relief d'une telle unité peut se faire à l'aide de l'intensité sonore (la force expiratoire) et est dite alors *accent d'intensité* ou *accent dynamique* (*accent expiratoire*, si l'on pense à l'articulation). Les sons d'une syllabe accentuée sont articulés avec plus de force et sont par conséquent plus sonores (plus audibles) que les autres. Si la mise en relief de certaines parties de la phrase se fait à l'aide de la mélodie, on parle d'*accent musical* ou d'*intonation*.

L'accent d'intensité. — Dans une phrase prononcée, toutes les syllabes ne sont pas produites avec la même intensité. Certaines sont plus faibles (*atones* ou, plus correctement, *inaccentuées*), certaines autres plus fortes *(accentuées)*. En français, c'est toujours la dernière syllabe prononcée du groupe qui est la plus forte et qui porte l'accent principal. On dit souvent qu'un *mot* a l'accent sur telle ou telle syllabe (en français la dernière). D'après ce qui a été dit plus haut (p. 81), l'expression est impropre.

Ce n'est pas le mot (unité sémantique) mais le groupe (unité phonétique) qui est caractérisé par telle ou telle accentuation. Nous avons rappelé que la tendance à faire coïncider le mot avec le groupe phonétique est beaucoup plus forte dans certaines langues (par ex. l'anglais) que dans certaines autres (par ex. le français). Il est vrai qu'un mot prononcé isolément porte toujours un accent, mais dans ce cas le mot est en même temps un groupe, et c'est à ce titre qu'il porte son accent. Mais puisqu'il en est ainsi, il y a des raisons d'ordre pratique qui parlent en faveur de la conservation du terme traditionnel *accent de mot*, quoique cet accent disparaisse très souvent quand on combine le mot avec d'autres mots dans une phrase. Cette réserve faite, nous croyons pouvoir nous servir par la suite de cette terminologie commode.

Les règles qui déterminent la place de l'accent expiratoire dans les mots (groupes) sont très différentes selon les langues. La place de l'accent peut être fixée une fois pour toutes. Dans ce cas, elle est déterminée automatiquement par la structure phonétique du groupe. En français, cet accent tombe toujours sur la dernière syllabe. Cette loi phonétique est si forte qu'en prononçant des noms étrangers, le Français reporte toujours l'accent sur la dernière syllabe, en estropiant assez souvent la prononciation indigène *(Osló, Stockhólm, Mussolíni)*. Dans d'autres cas, on se sert d'une forme francisée *(Milan, Barcelone, Londres)*. C'est en vertu de la même tendance que les emprunts savants faits au latin se prononcent souvent en français avec une accentuation toute différente de celle qui était utilisée en latin (lat. *técnicus*, fr. *technique*, lat. *legítimus*, fr. *légitime*).

Dans d'autres langues, la place de l'accent est fixée autrement. En finnois et en tchèque, c'est toujours la première syllabe du mot qui est accentuée, en polonais l'avant-dernière. En latin, l'accent — quel qu'ait été son caractère phonétique — se trouvait sur la pénultième ou sur l'antépénultième (la deuxième ou la troisième à partir de la fin) selon la quantité de la pénultième. A ces langues, où l'accent est fixé par des règles extérieures, s'opposent les langues où la place de l'accent est libre en ce sens qu'on a la possibilité de le mettre sur une syllabe ou sur une autre et de changer par là le sens du mot prononcé. Dans ce cas, la place de l'accent joue un rôle linguistique et est un phénomène phonétique porteur de signification. L'anglais nous en donne un bon exemple. Si on prononce *import* avec l'accent expiratoire sur la première syllabe, c'est un substantif qui signifie « importation ». Si on met l'accent sur la deuxième syllabe, le mot est un verbe et signifie « importer ». En espagnol, *canto* avec l'accent sur la première syllabe veut dire « je chante », tandis que *cantó*, avec l'accent sur la deuxième, signifie « il chanta ». Le mot *término* (avec l'acc. sur la première syllabe) signifie en espagnol « terme », etc., *termíno* (avec l'acc. sur la deuxième syllabe) signifie « je termine », et *terminó* « il termina ». Une telle langue possède dans la place de l'accent un moyen d'expression important et précieux, inconnu du français. En russe, la place de l'accent est également très libre et change souvent d'une forme à l'autre dans le paradigme.

On appelle *oxyton* un mot accentué sur la dernière syllabe, *paroxyton*, un mot qui a l'accent sur l'avant-dernière syllabe, tandis que le mot est dit *proparoxyton* quand c'est la troisième syllabe à partir de la fin qui porte l'accent.

Il existe aussi d'importantes différences entre les langues selon la force avec laquelle on prononce les syllabes accentuées par rapport aux syllabes inaccentuées. En français, la différence est très faible, avec ce résultat que les syllabes inaccentuées gardent toute leur précision articulatoire, tandis que, dans les langues germaniques, les syllabes accentuées sont très fortes et les syllabes inaccentuées très faibles.

Même dans les langues où la place de l'accent est réglée, comme en français, il est pourtant parfois possible de se servir d'un accent d'intensité pour exprimer l'emphase ou l'affectation. Cet accent est dit *accent d'insistance* et implique la mise en

relief d'une autre syllabe que celle qui porte normalement
l'accent. Si l'on dit *c'est épouvantable*, on met automatiquement
l'accent sur-*tab*-. Mais si l'on veut exprimer de l'affectation, on
peut mettre un autre accent sur -*pou*- (dont on allonge aussi
la consonne) et opposer ainsi, à une simple constatation, une
expression affective. On distingue parfois en français entre un
accent d'insistance proprement dit (ou *accent emphatique*), qui
a un caractère intellectuel et qui sert à mettre en relief une
distinction (« je parle de l'*im*portation et non pas de l'*ex*portation »), et un *accent affectif* ou *émotionnel* (« c'est *a*bominable ! »).

L'accent musical. — Si l'accent expiratoire consiste en des variations de l'intensité sonore, l'accent
musical implique des variations de la hauteur du
ton laryngien (de la fréquence des vibrations des
cordes vocales). Nous avons déjà vu qu'il est possible de parler sur plusieurs registres et que la
hauteur moyenne de la parole est due en grande
partie à des caractères individuels. Mais ce n'est
pas la hauteur absolue qui est intéressante au point
de vue linguistique, c'est la *hauteur relative* et,
surtout, les variations de hauteur et les *intervalles*.
En un mot, c'est la *mélodie* qui est signifiante et qui
concerne le linguiste.

Les variations musicales de la parole sont utilisées
très différemment selon les langues. Dans la plupart
des langues européennes, la mélodie est surtout importante pour la phonétique de la phrase. C'est grâce
à des différences mélodiques qu'on peut exprimer
toutes sortes d'états psychiques et de sentiments
(satisfaction, mécontentement, étonnement, décep-
tion, mépris, haine, etc.). En français et dans
beaucoup d'autres langues, on peut changer une
constatation en question uniquement à l'aide de
l'intonation (*il vient*, avec une mélodie descendante,
il vient ? avec un ton montant). On se sert aussi de
l'intonation « interrogative » dans la première partie
d'une phrase plus longue (deux ou plusieurs groupes).

Dans un exemple comme *les enfants jouent*, le ton monte sur *-fants* et descend sur *jouent*. Le ton montant implique en principe quelque chose d'inachevé. On s'attend à une suite — ou à une réponse. Le ton descendant marque la fin.

Nous pouvons illustrer les principaux types de l'intonation de la phrase en français par les exemples suivants (de Coustenoble-Armstrong) :

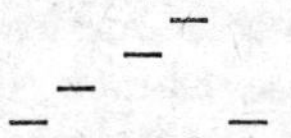

il est mi-di vingt
Fig. 53
(un seul groupe ; ton affirmatif

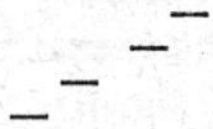

il est con-tent ?
Fig. 54
(un seul groupe ; ton interrogatif)

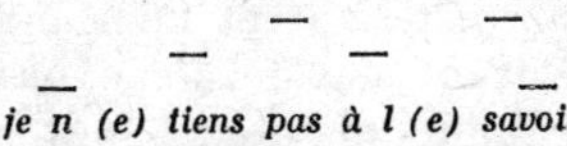

je n (e) tiens pas à l (e) savoir
Fig. 55
(deux groupes ; le premier ascendant, le deuxième descendant)

En anglais, une phrase comme *if you don't believe me, I can't help it* a l'intonation suivante (d'après Armstrong) :

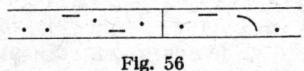

Fig. 56

La première partie se termine de façon ascendante (ton 2 ; le type qui se retrouve normalement dans les questions), la deuxième de façon descendante (ton 1 ; le type de l'assertion). Il y a donc en anglais comme en français deux types principaux qui s'opposent et qui peuvent être variés l'un et l'autre presque à l'infini.

Il existe pourtant aussi un grand nombre de langues — surtout en Afrique et en Extrême-Orient — où on se sert de différences mélodiques pour distinguer un mot d'un autre. Dans ces langues, la mélodie est un facteur constitutif de la structure phonétique du mot (du groupe) et joue en principe le même rôle que les phonèmes dont le mot est composé. Le Chinois nous en donne un exemple type. Dans le dialecte de Pékin, il y a quatre *tons* qu'on peut symboliser schématiquement ainsi (d'après Karlgren) : 1) ⏤ (uni) ; 2) ∕ montant ; 3) ∨ (brisé) ; 4) ∖ (descendant). Selon qu'un groupe de phonèmes comme *chu* est prononcé avec l'un ou l'autre de ces tons, il signifie « porc », « bambou », « seigneur », ou « habiter, vivre ». Le système des tons d'une langue sud-africaine (hottentot) est décrit (par Beach) de la manière suivante : il y a six tons dont le premier est haut et montant, le deuxième moyen et montant, le troisième bas et montant, le quatrième haut et descendant, le cinquième moyen et descendant et le sixième bas et uni. Dans ce cas, on se sert, à ce qu'il semble, d'une combinaison de la hauteur (relative) du registre et de la direction du mouvement musical pour réaliser les six types d'opposition accentuelle qui sont utilisés dans ce système.

On appelle les langues de ce type *langues à ton*. Nous avons vu ci-dessus qu'en français la mélodie peut jouer parfois un rôle analogue, quand les différences mélodiques remplacent les oppositions de durée qu'on croit entendre subjectivement (selon les recherches récentes de Marguerite Durand ; voir les fig. 51 et 52, pp. 89 ss.). Ce serait pourtant aller un peu trop loin que de vouloir pour cela grouper le français parmi les langues à ton et le mettre sur le même pied que le chinois et le hottentot. Parmi les langues européennes, ce sont surtout le lithuanien et le serbo-croate qui sont des langues à ton.

L'accent musical du mot a un aspect quelque peu différent dans les deux langues scandinaves qui le connaissent : le suédois et le norvégien. Dans ces langues, il faut que le mot (le groupe) contienne au moins deux syllabes pour qu'il soit

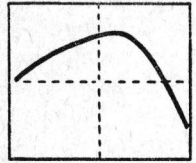 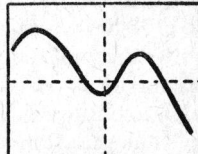

Fig. 57

question d'une opposition d'accent. Dans un monosyllabe, il n'y a qu'une possibilité. Ces langues connaissent deux accents musicaux : accent 1 et accent 2. C'est à l'aide de l'opposition entre ces deux types qu'on distingue entre des mots comme suéd. *buren* « la cage » (acc. 1) et *buren* « porté » (acc. 2), *tanken* « le tank » (acc. 1) et *tanken* « la pensée » (acc. 2), *komma* « virgule » (acc. 1) et *komma* « venir » (acc. 2). Il est difficile de décrire ces accents en termes généraux, parce que la forme des courbes mélodiques varie beaucoup d'une région à l'autre. L'accent 1, par exemple, est nettement descendant dans certaines régions (le sud du pays), mais plus ou moins montant (dans la première syllabe) dans d'autres. Nous reproduisons (fig. 57) à titre d'exemples les courbes mélodiques pour les deux types d'accent dans le suédois de Stockholm (mots à deux syllabes).

Ce qui est commun à tous les dialectes suédois et norvégiens, ce n'est pas la mélodie de chaque type considérée comme telle, mais tout simplement l'existence de deux types qui s'opposent et à l'aide desquels il est possible de distinguer entre des mots et des formes. Il est à remarquer aussi que la mélodie n'est pas le seul facteur phonétique qui distingue les deux types d'accent scandinaves. Il s'agit aussi en même temps d'une différence d'intensité. Placée sous l'accent 1, la première syllabe est plus forte, et la deuxième plus faible, que sous l'accent 2.

Chapitre X

PHONÉTIQUE EXPÉRIMENTALE

Le phonéticien utilise dans son travail plusieurs méthodes différentes pour examiner les sons du langage et leurs combinaisons. L'appareil le plus important du phonéticien est son *oreille*, qui restera son instrument le plus précieux malgré toutes les inventions techniques de notre époque. L'emploi d'appareils ne sera jamais autre chose qu'un procédé pour vérifier et compléter le témoignage de l'oreille. La *phonétique expérimentale* — ou *instrumentale* — nous renseignera sur le caractère objectif de phénomènes que, normalement, nous ne percevons que de façon subjective à l'aide de notre oreille.

Instruments acoustiques. — Nous avons déjà parlé dans le chapitre acoustique des différents moyens techniques dont on dispose à l'heure actuelle pour l'analyse acoustique des sons du langage. Il y a cinquante ans encore, la phonétique n'avait à sa disposition dans le domaine acoustique que des ressources très modestes : diapasons et résonateurs pour déterminer le ton propre des cavités buccales, et enregistrement mécanique grossier des vibrations, qu'on analysait selon le théorème de Fourier. Malgré cette imperfection des instruments on était arrivé à une connaissance étonnamment exacte de la structure des voyelles déjà vers la fin du siècle passé, grâce au génie de quelques grands physiciens et phonéticiens (Helmholtz, Hermann, Rousselot, Pipping).

Ce n'est pourtant qu'avec l'électro-acoustique moderne qu'on a réussi à aller plus loin que les phonéticiens du siècle passé. Grâce au microphone, à l'oscillographe cathodique, aux filtres et aux différents spectromètres acoustiques, au « Visible speech » et au langage synthétique il n'y a plus rien qui, au point de vue technique, empêche une analyse complète et intégrale de tous les détails des sons utilisés dans le langage humain. C'est l'oscillographe qui le premier a permis un enregistrement optique des vibrations (cf. fig. 9, p. 16) et qui a marqué par là le début de l'époque moderne de la phonétique acoustique. Il a été complété récemment par le film sonore et par la spectrographie.

Instruments physiologiques. — Parmi les différents moyens employés pour déterminer les diverses phases de l'articulation, le *cylindre enregistreur* — ou *kymographe* — a été pendant longtemps l'appareil le plus important. Et il est indéniable que le cylindre rend encore beaucoup de services au phonéticien malgré l'invention de nouvelles méthodes plus perfectionnées.

Grâce au cylindre enregistreur il est possible d'inscrire les différents mouvements articulatoires — de la langue, des lèvres, du voile du palais, de la respiration — sur un papier noirci et d'obtenir ainsi une courbe qu'on peut analyser facilement. A l'aide du tambour de Marey et d'une membrane en caoutchouc, il est aussi possible, en parlant dans une embouchure, d'avoir une courbe du courant d'air qui montre l'ouverture et la fermeture de la bouche — permettant ainsi de constater la différence entre une voyelle, une spirante et une occlusive — et qui traduit aussi les vibrations des cordes vocales. A l'aide d'une olive nasale on peut enregistrer séparément le courant d'air qui passe par le nez et étudier ainsi la nasalisation. On peut aussi enregistrer directement au niveau du larynx les vibrations des cordes vocales. Les tracés obtenus à l'aide du cylindre et appelés *kymogrammes*, sont donc des courbes articulatoires qui en principe ne peuvent être comparées avec les courbes acoustiques obtenues par un enregistrement électrique de l'onde sonore. Il est pourtant possible de traduire aussi, par l'intermédiaire d'un microphone et d'un mécanisme spécial (appelé en allemand « Kettererschreiber »), les vibrations sonores sur le papier noirci du cylindre. Il s'agira dans ce cas d'une courbe acoustique.

Sur le kymogramme physiologique il est possible d'étudier non seulement les différentes qualités articulatoires des sons mais aussi les faits quantitatifs et musicaux. On peut mesurer sur la courbe la durée de chaque phase articulatoire. A condition que les vibrations laryngiennes soient enregistrées, on peut calculer les mouvements musicaux en mesurant la longueur des périodes sur le kymogramme et en construisant à partir de là une courbe logarithmique des variations de la fréquence. Plus le ton est bas, plus la longueur des périodes est grande et inversement. C'est en principe par un tel procédé que sont obtenues les courbes mélodiques reproduites à la page 97.

Les variations d'intensité se laissent difficilement déterminer à partir du kymogramme. L'amplitude obtenue sur le tracé n'est pas fonction seulement de l'amplitude de la vibration sonore émise mais est influencée aussi par des phénomènes de résonance — plus le ton propre du corps enregistreur est proche du ton enregistré, plus l'amplitude sera grande (cf. p. 12) — et par l'inertie plus ou moins grande des mécanismes utilisés. Il faut avoir recours à un enregistrement oscillographique pour mesurer l'amplitude des vibrations (l'accent dynamique ou expiratoire).

La méthode kymographique est complétée par la *palatographie*. Les palatogrammes sont obtenus à

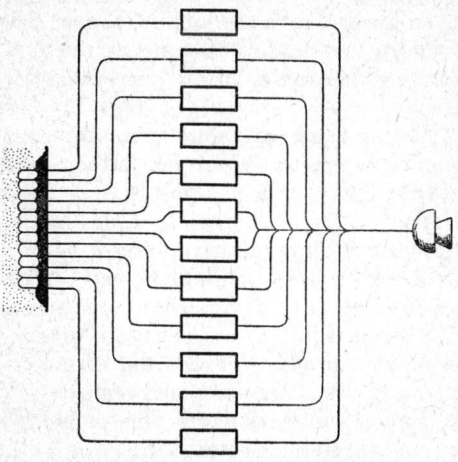

Fig. 58. — Dessin schématique des filtres du *Visible Speech*. Du microphone *(à droite)* le son passe dans les différents filtres (douze, de 300 p/s chacun). Chaque filtre ne laisse passer que celles des nombreuses fréquences contenues dans l'onde complexe qui se trouvent à l'intérieur de son domaine. Quand le son devient visible sur l'écran *(à gauche)*, il n'y a plus une seule onde complexe mais une série de fréquences ordonnées de bas en haut selon leur vitesse de vibration. C'est le spectre du son. La réalisation technique de l'appareil est différente de ce modèle original.

l'aide d'un *palais artificiel* placé dans la bouche du sujet examiné. Après que celui-ci a prononcé le son ou le groupe de sons voulus, il éloigne le palais artificiel et on peut déterminer immédiatement les parties qui ont été touchées par la langue. On détermine ainsi le lieu d'articulation du son et le degré de relèvement de la langue dans la bouche. Il va sans dire qu'il est difficile d'étudier au moyen de la palatographie les sons qui sont articulés dans la partie postérieure de la bouche. Les articulations labiales et nasales ne s'y voient pas du tout. On a commencé récemment à remplacer le palais artificiel par un procédé photographique. On colore le palais, et après l'articulation du son en question, on photographie le palais directement, ce qui permet évidemment une articulation plus normale et naturelle.

La palatographie est complétée, ou remplacée, en phonétique moderne par les radiographies, qui permettent d'étudier la position de tous les organes de la parole à un moment donné de l'articulation ou — grâce aux films radiographiques — les mouvements de ces organes pendant la prononciation de phrases entières. Si ces films sont combinés avec un enregistrement sonore, on peut en même temps écouter les sons produits et regarder les mouvements exécutés par les organes pour réaliser ces sons. C'est là une des inventions les plus précieuses de la phonétique physiologique moderne.

Chapitre XI

PHONOLOGIE
OU « PHONÉTIQUE FONCTIONNELLE »

Faits fonctionnels et faits non fonctionnels. — Il ressort de ce qui a été dit ci-dessus que le nombre des sons, même à l'intérieur d'une seule langue, est presque illimité. On ne prononce pas deux fois de suite une voyelle ou une consonne exactement de la même façon. L'entourage du son diffère d'un cas à l'autre. L'accentuation, la vitesse du débit, le registre et les qualités de la voix varient d'une occasion à l'autre et d'individu à individu. Il y a entre les individus des différences de prononciation qui s'expliquent par des différences anatomiques ou par des habitudes individuelles. Les spectrogrammes nous révèlent d'importantes différences entre les voyelles des hommes et celles des femmes et des jeunes enfants. Ces différences ne gênent pas la compréhension. Elles ne sont pas perçues par les sujets parlants. On *croit* prononcer et entendre la même chose malgré ces variations parfois considérables.

On est donc en droit de se demander pourquoi, malgré toutes ces différences combinatoires ou individuelles, on identifie les voyelles et les consonnes des autres avec les siennes propres. Pourquoi identifions-nous le *i* d'une femme avec celui d'un homme, ou le *a* après *l* avec un *a* après *s* ou *t* ? Et pourquoi croyons-nous entendre la même consonne dans *qui* et dans *coup*, dans *tas* et dans *tôt* ? Les spectrogrammes nous font voir des unités acoustiquement différentes dans les divers cas. Les palatogrammes et les radiographies montrent des différences articulatoires considérables. Pourquoi enfin un Français de Paris, qui prononce un r postérieur, identifie-t-il tout de suite un mot comme *rire*, prononcé par un Méridional qui roule ces *r* ? La réponse est que le *k* devant *i* et le *k* devant *ou*, le *i* « masculin » et le *i* « féminin », le *a* après *s* et le *a* après *l*, le *r* roulé et le *r* uvulaire, sont identiques au point de vue de leur *fonction linguistique*. Certains traits des sons du langage sont importants pour l'identification, certains autres ne le sont pas. Chaque voyelle et chaque consonne articulées dans un contexte contiennent des traits *distinctifs* ou *pertinents* à côté d'un nombre de traits *non distinctifs* ou *non pertinents*.

En réalité, si nous avions à notre disposition un nombre illimité d'unités infiniment variables, aucune communication organisée ne serait possible. Un système de communication tel que la langue suppose nécessairement un nombre *limité* d'éléments et un nombre *restreint* de traits qui différencient ces éléments les uns des autres. La différence fondamentale entre une expression linguistique et une expression non linguistique (un cri de douleur, par exemple) est que la première se laisse décomposer en unités plus petites, unités qui reviennent plus loin dans la chaîne parlée, combinées de façon différente (du moins si l'extension de l'expression est suffisante). Le cri de douleur, au contraire, a un caractère global.

Prenons comme exemple une phrase telle que *la ville de Paris est grande*. Si l'on demande à un Français non phonéticien de grouper ensemble les unités sonores qui lui paraissent identiques dans cette phrase, il n'y a pas de doute qu'il identifiera le *i* de *ville* avec celui de *Paris*, le *a* de *la* avec celui de *Paris* et le *r* de *Paris* avec celui de *grande*, malgré les différences qui existent entre ces unités au point de vue purement phonétique. Et il n'y a pas de doute non plus que notre interlocuteur identifiera le *l* de *tableau* avec le *l* de *peuple* et le *yod* de *lion* avec celui de *pied*, malgré le fait qu'il existe une nette différence de sonorité — dans ce cas parfaitement perceptible à l'oreille — entre les deux unités ainsi identifiées. Le *l* de *peuple* et le *yod* de *pied* sont plus ou moins assourdis (par assimilation), les deux autres parfaitement sonores. Dans ce cas, il ne s'agit plus de distinctions trop subtiles pour l'oreille humaine. Pour un Gallois, le *l* sonore et le *l* sourd sont deux unités indépendantes qu'il n'identifiera jamais. L'explication en est que les *systèmes* consonantiques sont différents en gallois et en français. En français, la distinction entre *l* sonore et *l* sourd n'est pas utilisée dans le système. C'est un trait non pertinent. Le Français n'est par conséquent pas habitué à attribuer de l'importance à la différence qui existe entre ces deux qualités consonantiques. Le Français ne peut pas changer le sens d'un mot en remplaçant le *l* sonore par un *l* sourd ou vice versa. La différence n'est pas *fonctionnelle* en français. Les deux *l* sont des *variantes* du même phonème. En gallois, au contraire, ce sont deux phonèmes différents. La différence entre les deux est pertinente.

Le phonème. — La notion de phonème, dans le sens expliqué ici, est relativement récente en linguistique et en phonétique, et a été définie de plusieurs façons différentes.

Mais la distinction entre les innombrables sons concrets d'un côté, et les unités fonctionnelles (les types ou les classes de sons) de l'autre, a été aperçue, de façon plus ou moins nette et consciente, par tous les savants qui se sont occupés de problèmes phonétiques (les Français Passy, Meillet, Grammont, le Danois Jespersen, le Suédois Noreen, etc.). Il serait

trop long de rendre compte ici des différentes tentatives
faites par les linguistes modernes pour définir le phonème (1).
Nous préférons donner encore quelques exemples qui, croyons-
nous, illustreront mieux que des considérations théoriques
la différence essentielle entre le phonème et les variantes.

Les deux types de *r* (antérieur et postérieur) sont en français
deux variantes du même phonème. Puisque le choix de l'un
ou de l'autre des deux types n'est pas déterminé par l'entourage du mot (mais par les habitudes individuelles ou régionales), on parle dans ce cas de *variantes libres*. Le *k* palatal
(de *qui*) et le *k* vélaire (de *coup*) sont aussi des variantes d'un
seul phonème *k*, mais puisque, dans ce cas, le choix est déterminé automatiquement par le contexte vocalique, on parle
dans ce cas de *variantes combinatoires*. Sont des variantes
combinatoires aussi les nasales, les liquides et les « semi-
voyelles » assourdies au contact de consonnes sourdes.

Opposition. — On dit de deux phonèmes qu'ils
sont en *opposition*. Il y a donc opposition en français
entre *r* et *l*, entre *p* et *b*, entre *t* et *d*, entre *i* et *ü*, etc.,
puisqu'il est possible de changer le sens d'un mot
en remplaçant l'un par l'autre (*rit* : *lit*, *peau* : *beau*,
thé : *dé*, *vie* : *vue*, etc.). Mais il n'y a pas opposition
entre *r* antérieur et *r* postérieur, ou entre *l* sonore
et *l* sourd. Il peut arriver que deux sons, qui s'opposent dans certaines positions phonétiques, ne s'opposent pas dans certaines autres. Les deux voyelles *é*
et *è* s'opposent en français en syllabe ouverte
accentuée *(dé* : *dais*, *fée* : *fait)*. Mais devant une
consonne de la même syllabe, l'opposition n'est
plus possible. On prononce toujours un *è* ouvert
(*fer*, *ciel*, *net*, *verre*, *même*, etc.). Le *é* fermé n'existe
pas devant une consonne de la même syllabe en
français. On dit que, dans cette position, l'opposition *é* : *è* est *neutralisée* (ou qu'il y a *syncrétisme*).

---

(1) Il existe des différences profondes dans la façon de définir le
phonème chez des linguistes comme Troubetzkoy, Jones, Hjelmslev
et Bloomfield, selon leur conception du langage humain. Pour ces
problèmes, qui relèvent de la théorie linguistique, voir Perrot,
La linguistique, pp. 110 ss.

C'est en vertu de cette loi phonétique qu'un *é* se change automatiquement en *è*, s'il vient à se trouver dans une syllabe fermée (*céder* mais *je cède*).

Toutes les langues n'utilisent ni le même nombre d'oppositions, ni les mêmes types. Le français se sert de deux séries de voyelles palatales (orales) : une série arrondie *(ü, œ́ et œ̀)* et une série non arrondie *(i, é et è)*. Ni l'espagnol ni l'italien ne connaissent de voyelles antérieures arrondies. La labialisation n'est donc pas utilisée dans ces systèmes comme moyen distinctif, et l'Italien et l'Espagnol ont beaucoup de peine, en parlant français, à distinguer entre *si* et *su*, *fée* et *feu*, *mère* et *meurt*. L'espagnol ne connaît pas non plus de distinction entre voyelles mi-fermées et mi-ouvertes (fr. *é* et *è*, *ó* et *ò*). Les différences de fermeture qu'il y a incontestablement dans la prononciation des différents *e* et *o* espagnols sont de nature combinatoire, déterminées par l'entourage et par conséquent ne sont pas perçues par les sujets parlants. La distinction *é : è* est non pertinente en espagnol et les deux qualités vocaliques sont deux variantes combinatoires du même phonème.

L'italien oppose, comme le français, un *e* fermé à un *e* ouvert et un *o* fermé à un *o* ouvert (cf. *téma* « crainte » et *tèma* « thème », *rócca* « rouet » et *ròcca* « rocher »). L'espagnol et l'italien connaissent par conséquent le même nombre de voyelles (de timbres vocaliques) mais le système italien est plus riche en phonèmes vocaliques que le système espagnol. Le schéma vocalique de l'italien aura l'aspect de la figure 59 (*u = ou*).

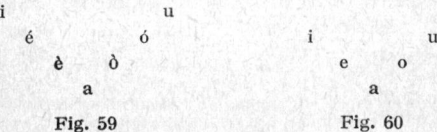

Fig. 59   Fig. 60

C'est en même temps le schéma des phonèmes vocaliques de la langue. Le même schéma vaut aussi pour l'espagnol si l'on tient compte des principaux timbres vocaliques qui existent dans cette langue (1). Mais si l'on veut représenter le système des phonèmes vocaliques espagnols (de ses possibilités d'oppositions vocaliques), le schéma aura l'aspect de la figure 60.

En français les deux *s* (sonore et sourd) sont deux phonèmes. On peut distinguer entre *baisser* et *baiser*, et entre *chausse* et *chose*, uniquement à l'aide de la distinction entre *s* et *z*. L'espagnol connaît aussi les deux *s* mais seulement comme deux variantes du même phonème, puisque le phonème *s* se prononce automatiquement comme sonore devant une consonne sonore *(mismo)*, comme sourd dans toutes les autres positions *(casa, mes)*. Cette langue connaît donc la même différence phonétique entre *s* et *z* que le français mais ne l'utilise pas dans son système fonctionnel. Il n'y a pas d'opposition *s : z* en espagnol.

L'espagnol connaît une série d'occlusives sonores *(b, d, g)* à côté desquelles il existe une série de spirantes sonores, ayant le même point d'articulation. Mais ces spirantes ne sont que des variantes des phonèmes *b, d, g*. La langue se sert de l'une ou de l'autre (occlusive ou spirante) selon la position plus ou moins forte dans laquelle se trouvent les phonèmes dans la chaîne prononcée. L'espagnol ne peut pas opposer par exemple un *d* occlusif à la spirante correspondante (comme le fait l'anglais : *day : they*). La différence phonétique *occlusive sonore : spirante sonore* n'est pas pertinente en espagnol.

---

(1) Il y a en espagnol, comme en italien, d'autres nuances vocaliques de nature combinatoire dont nous faisons abstraction ici.

Le suédois nous offre un bon exemple d'une langue où une différence mélodique est utilisée pour distinguer un mot d'un autre (cf. p. 97). L'accent musical est donc dans cette langue un trait pertinent de la structure phonétique du mot. C'est un *prosodème* (= fait prosodique distinctif) ou, puisque dans ce cas il s'agit d'un phénomène musical, un *tonème*. Les différents tons du chinois sont aussi des tonèmes. Dans les cas où la durée est utilisée comme moyen distinctif (lat. *vĕnit : vēnit*, fr. *bête : bette*; cf. p. 86), on l'appelle parfois *chronème*.

REMARQUE. — En phonétique américaine, les prosodèmes sont aussi appelés *phonèmes* (phonème de durée, phonème de ton, etc.).

Ces exemples suffiront pour montrer quel est le genre d'analyse *fonctionnelle (structurale* ou *systémologique)* qui doit nécessairement compléter l'analyse physique des sons et des articulations. Si l'on se contente de constater que l'espagnol connaît comme le français deux espèces de s (sonore et sourd), ou comme l'anglais un *d* occlusif et un son correspondant fricatif, sans se soucier du fait que ces différences phonétiques fonctionnent différemment dans une langue et dans l'autre, on néglige un aspect important des particularités phonétiques des langues en cause.

La phonologie. — L'étude qui a pour but de déterminer les distinctions phonétiques qui, dans une langue donnée, ont une valeur différentielle et d'établir le système de phonèmes et de prosodèmes, est souvent appelée *phonologie*. La phonologie, prise dans ce sens, a été fondée à Prague il y a une trentaine d'années par un groupe de linguistes (Troubetzkoy, Jakobson et autres), d'où le nom

d'*école de Prague*. Mais puisque le mot *phonologie*
a été employé aussi dans d'autres acceptions (chez
Grammont = les phonétiques acoustique et physiologique générales ; chez d'autres dans le sens de
« phonétique » tout court), certains linguistes pré-
fèrent le terme *phonématique* (angl. *phonemics*) ou
parlent tout simplement de *phonétique fonctionnelle*.

Phonétique et phonologie. — La phonétique proprement dite telle qu'elle a été décrite dans les
chapitres précédents et la phonologie dont nous
venons d'esquisser sommairement les principes
généraux, ne sont pas deux sciences autonomes et
indépendantes. Ce fut une grave erreur de la part
de l'école de Prague que de vouloir établir une sépa-
ration stricte entre la phonétique — science naturelle qui se sert de moyens instrumentaux — et la
phonologie — science linguistique. L'étude des faits
acoustiques et physiologiques de la parole humaine
doit être poursuivie parallèlement à l'étude de la
fonction des différentes unités et de la structure du
système dont on se sert en parlant. La phonologie
établit le nombre d'oppositions utilisées et leurs
rapports mutuels. La phonétique expérimentale
détermine, avec ses différentes méthodes, la nature
physique et physiologique des distinctions consta-
tées. Sans l'analyse linguistique des systèmes et des
unités fonctionnelles, l'expérimentateur ne saurait
que faire. Et sans l'analyse physique et physiologique de tous les faits de prononciation, le linguiste
ignorerait la nature concrète des oppositions établies.
Les deux genres d'études sont interdépendants et
se complètent. Il serait vain de tâcher d'établir une
priorité pour l'un ou pour l'autre. Il vaut par conséquent mieux les grouper ensemble sous la dénomi-
nation générale traditionnelle de *phonétique*.

Chapitre XII

LA PHONÉTIQUE ÉVOLUTIVE

Les changements phonétiques. — C'est un fait bien connu que la prononciation d'une langue ne reste pas toujours la même. Elle subit au cours de son histoire de nombreux changements, parfois très lents, quelquefois assez rapides. Le seul fait — déjà signalé ici — que l'orthographe ne corresponde pas toujours à la prononciation, prouve que celle-ci a été autrefois différente de ce qu'elle est maintenant. La prononciation s'est transformée mais l'ancienne orthographe est restée (1). La langue écrite est plus conservatrice que la langue parlée.

Quand il s'agit de répondre à la question de savoir pourquoi la prononciation change, le savant se trouve devant des difficultés presque insurmontables. Dans une langue, les sons ne sont pas les seuls à changer. Les formes, les faits de syntaxe, le vocabulaire et le style littéraire changent aussi. Ce serait par trop dépasser les limites de ce petit livre que de reprendre dans son ensemble le problème du changement linguistique, qui, du reste, n'est probablement qu'un aspect particulier d'un problème plus général, celui du changement de toute la vie sociale, politique et culturelle, et de toutes les règles qui déterminent ensemble les rapports entre les hommes. Le langage humain est un fait social et les changements subis par les habitudes linguistiques d'un groupe ne s'expliquent que dans le cadre des transformations de la société en général. Il serait faux de vouloir isoler une langue de son milieu, sans lequel elle ne se comprend pas et dont elle reflète les caractères stables aussi bien que les transformations. Nous allons nous limiter ici à une analyse rapide et nécessairement sommaire de quelques-uns des facteurs qui contribuent à déterminer le résultat des changements phonétiques.

---

(1) Ce n'est pas là la seule explication du manque de correspondance entre l'orthographe et la prononciation. L'orthographe française garde par exemple encore beaucoup de traces des préoccupations étymologiques des grammairiens de la Renaissance. Il faut se rappeler aussi que notre alphabet — hérité des Romains — se prête mal à rendre les phonèmes de beaucoup de langues modernes.

Le rôle de la phonétique combinatoire. — Nous avons donné ci-dessus quelques exemples de changements phonétiques qui se sont produits au cours de l'histoire du français (ou d'autres langues) et qui s'expliquent en partie par des phénomènes de phonétique combinatoire (assimilation, dissimilation, différenciation, facilités de prononciation, etc.). Il est indéniable que ce sont là des facteurs qui agissent sans cesse dans une langue et qui créent partout et toujours de petits changements de prononciation. Certains de ces changements ont un caractère éphémère, d'autres se stabilisent et finissent par entrer dans la norme. Depuis longtemps, on met surtout l'accent sur le rôle de l'assimilation dans l'histoire phonétique des langues. Et il est certain qu'un grand nombre de phénomènes de phonétique historique sont dus à une tendance assimilatrice. Nous avons vu d'autre part que la langue réagit souvent contre les effets néfastes de l'assimilation par certaines tendances contraires (différenciation, dissimilation). La métathèse et l'interversion ont souvent comme résultat des syllabes qui sont plus conformes à la structure syllabique de la langue. Les consonnes parasites (fr. *viendrai*) nous donnent un autre exemple d'une innovation phonétique qui a pour origine un phénomène combinatoire (cf. p. 69).

Les règles générales de Grammont. — Le phonéticien français Maurice Grammont a formulé, dans son *Traité de phonétique*, les règles selon lesquelles ces différents phénomènes de phonétique combinatoire se produisent, règles qui semblent assez générales dans les langues. Il a aussi formulé la célèbre « loi du plus fort », selon laquelle, quand deux phonèmes s'influencent d'une façon ou d'une autre, c'est le plus faible (par sa position dans la syllabe ou par sa force articulatoire propre) qui subit l'influence de l'autre. Si, dans le fr. *jusque*, devenu *juchque*, le *s* s'est assimilé à la chuintante (et non pas l'inverse), c'est parce que *s* dans ce cas est implosif (se trouve en fin de syllabe) et par conséquent plus faible que la consonne initiale de syllabe.

Les lois phonétiques. — Ce fut pendant longtemps un axiome parmi les linguistes de considérer que les changements des sons du langage ont lieu en vertu de *lois* qui agissent aveuglément, les prétendues *lois phonétiques*. Selon cette manière de voir, le même phonème, dans un entourage phonétique donné, subit, dans la même langue et pendant une certaine période, le même changement dans tous les mots de la langue en question. Si par exemple le *a* latin, en syllabe ouverte accentuée, passe à *e* dans tout le Nord du domaine gallo-roman (la langue d'oïl), ce passage doit nécessairement avoir lieu dans tous les mots latins qui se sont conservés en français. On n'acceptait d'autres exceptions aux lois phonétiques que celles qui étaient dues à l'influence de l'*analogie*. La thèse du caractère absolu des lois phonétiques fut formulée pour la première fois par le linguiste allemand Leskien (1876). Ce sont les dits *néo-grammairiens* qui ont défendu surtout cette thèse et qui ont soutenu aussi l'idée de la supériorité de la méthode historique en linguistique. Leur représentant le plus célèbre était Hermann Paul.

Une génération postérieure a pourtant fortement modifié la doctrine néo-grammairienne. Dans un travail de 1896, le linguiste suédois Axel Kock attirait déjà l'attention sur toute une série de facteurs qui réduisent l'action des lois phonétiques. Tous les mots n'ont pas la même fréquence dans la langue, ce qui entraîne des différences de traitement phonétique. Un mot fréquent, quotidien, subit plus facilement qu'un mot rare, littéraire ou spécial, les effets d'une tendance phonétique. C'est un fait bien connu que les divers outils grammaticaux, qui sont presque toujours inaccentués (articles, pronoms, conjonctions, prépositions), sont sujets à une réduction phonétique beaucoup plus forte que les mots « pleins ». Un *o* long latin en syllabe ouverte accentuée aboutit en français à *eu* par l'intermédiaire d'une diphtongue (lat. *flore(m)*, fr. *fleur*, lat. *dolore(m)*, fr. *douleur*, etc.). Mais dans les pronoms personnels *nous* et *vous* (dont la voyelle remonte aussi à un *o* long latin et qui, selon la loi phonétique en question, aurait dû aboutir aussi à *eu*), nous avons affaire à un traitement phonétique différent, qui s'explique dans ce cas par le fait que ces mots sont employés le plus souvent comme atones devant le verbe et qu'ils ont eu de ce fait un développement différent. Dans un mot français comme *avocat*, le *a* final remonte à un *a* latin en syllabe accentuée ouverte *(advocatus)* qui doit aboutir en français à *e*. La forme du mot s'explique dans ce cas, comme dans des centaines d'autres, par le caractère savant du terme. Le mot n'a pas vécu dans la bouche du peuple à travers les siècles mais a été emprunté à une époque récente au latin, langue de l'administration et de la juridiction. Nous avons par contre affaire au représentant phonétique normal du lat. *advocatus* dans le fr. *avoué*. Le français est riche en *doublets phonétiques* de ce genre *(hôtel : hôpital, rançon : rédemption)*. Certaines autres exceptions aux lois phonétiques s'expliquent par le caractère affectif ou emphatique du terme en question.

De nos jours, on parle de *tendance phonétique* plutôt que de loi. Chaque système phonétique est dominé par certaines tendances articulatoires et structurales. Ces tendances aboutissent dans la plupart des cas, tandis que certains mots, pour des raisons diverses, échappent aux tendances en question. Une tendance nouvelle peut aboutir dans la langue du peuple ou dans les dialectes mais être contre-carrée dans la bonne société par l'influence de la norme. D'autre part, une innovation peut être acceptée dans la bonne société des grandes villes comme une mode qui se répand, mais faire défaut dans le peuple ou à la campagne où l'influence normative urbaine ne se fait plus sentir ou est moins forte. C'est par exemple le cas du *r* postérieur dans un grand nombre de langues d'Europe (voir p. 53).

Toute innovation phonétique a son origine à un endroit donné et probablement chez un seul individu. Mais elle revêt un caractère linguistique seulement au moment où elle devient commune à tout un groupe. Un fait de prononciation individuel est un point de départ possible d'une innovation phonétique mais ne constitue pas en soi un changement linguistique. Pour des raisons qu'il reste à déterminer mais qui sont sans aucun doute de caractère social, l'innovation se répand à partir de son lieu d'origine qui devient ainsi un *centre de rayonnement*. Plus on s'éloigne de ce centre, plus l'effet de la tendance devient faible. La force et la vitesse de son extension dépendent du prestige des groupes innovateurs et des facilités de communication. C'est la raison pour laquelle les régions isolées — dans les montagnes par exemple — sont conservatrices, tandis que les grandes villes et les régions de grande agriculture sont innovatrices. A la périphérie d'une aire linguistique il n'y a souvent que quelques mots qui soient frappés par le changement. Dans le même dialecte on trouve des mots modifiés par la tendance phonétique, et d'autres qui, pour une raison ou pour une autre, ont résisté à la transformation. Chaque mot a au fond sa propre histoire phonétique. Le terme « loi » est donc impropre. Les changements phonétiques sont dus à l'action de certaines tendances et non pas à des lois au sens strict du terme.

La géographie linguistique. — C'est à la *géographie linguistique* (ou *dialectologie*) que nous devons ces nouvelles découvertes en matière de phonétique évolutive. La géographie linguistique a été fondée par l'Allemand Wenker et développée surtout par le Suisse Gilliéron, un des fondateurs du célèbre *Atlas linguistique de la France*. Sur les cartes des Atlas linguistiques, le phonéticien peut étudier l'extension de chaque mot, ainsi que des différentes formes phonétiques du même mot, et tracer ainsi les limites de leur extension. L'état de langue d'un lieu donné (village, ville, province) n'est jamais le résultat d'un développement absolument ininterrompu et autochtone. Tout dialecte et toute langue subissent l'influence d'autres parlers, et ces influences dépendent à leur tour des courants politiques et culturels, qui changent au cours des siècles. Tandis que, autrefois, les différents patois français subissaient surtout l'influence des centres provinciaux (politiques ou ecclésiastiques), ils subissent surtout à l'heure actuelle l'influence de la langue de Paris. L'évolution phonétique est bien plus compliquée, et l'étude de la phonétique historique d'une langue bien plus difficile que ne le croyaient les néo-grammairiens.

La phonétique évolutive et les systèmes. — Dans les études de phonétique historique de caractère traditionnel, on avait tendance à étudier l'histoire de chaque phonème isolément. On suivait, du latin au français ou du germanique commun à l'allemand moderne, l'évolution subie par un seul son, ou un seul groupe de sons. On constatait que le *o* bref latin en syllabe ouverte accentuée s'était diphtongué d'abord en *uo* (étape conservée par l'italien ; lat.

focu, it. *fuoco*), ensuite en *ue* (étape de l'espagnol ; esp. *fuego*) pour aboutir finalement en français à *eu* (fr. *feu*). Et on tâchait d'expliquer par la phonétique articulatoire comment ces transformations successives avaient pu se produire. Mais on négligeait de prendre en considération le fait qu'à chaque étape de l'évolution (latin vulgaire, galloroman, ancien français, français moderne), la voyelle ou la diphtongue en question avait fait partie d'un système vocalique et qu'il fallait s'occuper surtout du développement du système tout entier. Quand une langue change, ce ne sont pas des sons isolés qui sont remplacés par d'autres sons isolés, mais tout un système qui est transformé et remplacé par un autre système de structure différente. Si l'évolution phonétique d'une langue prend telle ou telle direction — et non pas telle autre, également possible au point de vue purement phonétique — c'est souvent à cause de l'influence du système. Aucun son n'évolue indépendamment des autres sons du même système. Dans un système linguistique, tout se tient.

Il n'est pas invraisemblable que l'application du point de vue structural en phonétique historique puisse nous aider dans bien des cas à répondre à une question qui, jusqu'ici, est restée le plus souvent sans réponse, celle de savoir pourquoi tel ou tel changement a lieu dans tel cas mais non dans tel autre. Car la phonétique combinatoire ne peut nous renseigner que sur les *possibilités* d'évolution. Les règles de Grammont — quelque justes qu'elles soient — peuvent tout au plus nous apprendre quel sera le résultat si, dans un groupe donné, il y a assimilation ou dissimilation. Mais elles ne nous disent pas pourquoi le même groupe évolue dans telle langue, ou à telle ou telle époque de l'histoire, mais reste inaltéré dans telle autre langue ou pendant telle autre période de l'évolution de la même langue.

Le substrat. — On a eu souvent recours, pour expliquer l'évolution phonétique, à l'influence d'un *substrat*, terme qui signifie qu'une population qui change de langue garde ses vieilles habitudes articulatoires en prononçant les sons d'une langue importée. On a par exemple voulu expliquer un certain nombre de phénomènes phonétiques français par un substrat gaulois. Le français serait du latin prononcé avec une base articulatoire celtique (gauloise). C'est ainsi que certains savants ont voulu expliquer le passage du *u* latin (prononcé *ou*) à *ü* en français et de même la tendance palatalisante qui domine presque toute l'évolution phonétique du français depuis le latin jusqu'à l'époque moderne. On trouve dans certaines parties de l'Amérique du Sud un espagnol prononcé avec des habitudes phonétiques indiennes (par ex. au Paraguay). Beaucoup de Belges parlent français sur un substrat germanique (flamand).

Il est hors de doute que le substrat peut expliquer, dans bien des cas, les changements subis par une langue à une certaine époque ou dans une certaine région. Et beaucoup de savants de grande renommée (Ascoli, Bröndal, Van Ginneken, Fouché), ont fortement insisté sur l'importance de ce facteur dans l'évolution phonétique. Mais on est allé quelquefois un peu trop loin dans ce genre d'explication. Il est important de souligner que l'influence exercée par un substrat n'est pas un fait biologique. Ce n'est pas une question de race, comme l'ont soutenu quelques linguistes. Il s'agit tout simplement du maintien, malgré l'adoption d'une nouvelle langue, d'une certaine *tradition* articulatoire. Le problème a donc un aspect *social*. Il y a influence du substrat dans les cas où la population indigène a eu un prestige social et culturel assez grand pour que ses habitudes articulatoires n'aient pas été jugées vulgaires. C'est le cas au Paraguay (pour des raisons historiques toutes spéciales). Mais ce n'est pas le cas dans beaucoup d'autres régions de l'Amérique latine où, pourtant, le nombre des indigènes était relativement bien plus élevé, mais où l'espagnol ne montre pas la moindre trace d'influences extérieures. L' « accent » indien a été jugé vulgaire et a vite disparu des milieux dirigeants (1).

Quand une langue subit, pendant un certain temps, l'influence phonétique d'un peuple conquérant (ou de culture supérieure), on parle de *superstrat*. On a par exemple voulu expliquer certains faits de phonétique française par le superstrat germanique (sous les rois francs). C'est surtout le romaniste suisse W. von Wartburg qui a défendu récemment cette thèse. Il est important de faire, au sujet du superstrat, la même observation que celle que nous venons de faire à propos des substrats. Il faut connaître à fond la situation sociale et culturelle de la région et de l'époque pour juger de la possibilité d'une telle influence. Tant qu'on ne le fait pas, il vaut mieux être prudent dans ses conclusions.

On appelle enfin *adstrat* l'influence subie par une langue de la part d'une langue voisine. Le français parlé en Alsace, par exemple, montre bien des traces de phonétique germanique. Le dialecte suédois parlé en Finlande est fortement influencé, au point de vue phonétique, par le finnois, etc.

Il ressort de ce qui a été dit ci-dessus que ni la phonétique, ni la linguistique ne sont capables d'expliquer à elles seules les changements phonétiques. Il faut dépasser les limites de la phonétique — et même celles de la linguistique — pour trouver, si possible, tous les facteurs qui déterminent ensemble l'évolution des sons — et celle des langues.

(1) L'auteur de ces lignes a étudié ces problèmes dans un travail intitulé *L'espagnol dans le Nouveau Monde, problème de linguistique générale* (Lund, 1948).

Chapitre XIII

IMPORTANCE ET APPLICATIONS PRATIQUES DE LA PHONÉTIQUE

Il serait au fond contraire à l'esprit même de la science de s'interroger sur l'utilité de tel ou tel genre de recherches scientifiques. L'utilité — l'application pratique — d'une découverte en est une conséquence secondaire mais ne peut jamais en être le but. Le savant travaille pour approfondir sa connaissance de la nature et de l'homme. Les résultats scientifiques dont l'utilité a été la plus grande, en physique ou en médecine, ont souvent été obtenus sans la moindre arrière-pensée utilitaire. L'application pratique a été souvent une conséquence inattendue de recherches faites uniquement pour satisfaire la curiosité du savant.

Si nous avons tout de même consacré quelques pages à la fin de ce volume à discuter les possibilités d'applications pratiques de la phonétique, ce n'est pas pour motiver, ou pour défendre, une discipline qui, comme toute autre, est, et doit être, un but en soi. Le phonéticien travaille pour mieux connaître le langage parlé. Mais puisque ce volume s'adresse surtout à un public de non-spécialistes et de débutants dans la carrière scientifique, il convient d'attirer l'attention sur quelques domaines où nous avons le droit d'attendre de nos recherches phonétiques des résultats « utiles » et des applications pratiques.

Puisque la phonétique est une branche de la linguistique, il est évident, d'abord, qu'elle est d'une importance considérable pour les autres domaines de l'étude du langage. Il est difficile d'être linguiste sans avoir de solides connaissances en phonétique. L'étude de l'histoire des langues suppose nécessairement une bonne orientation en matière de phonétique descriptive et évolutive. Pour le dialectologue la phonétique est indispensable. Et dans le domaine de la théorie linguistique, la phonétique a été d'une importance capitale. La conception structurale — qui chaque jour gagne du terrain dans le monde des linguistes et qui consiste à regarder la langue comme un système et non pas comme un amas de corps hétérogènes — a été appliquée d'abord (grâce à la phonologie ; cf. p. 109) à l'étude des sons du langage. Et d'une façon générale, on a davantage progressé, au point de vue méthodologique, dans la description structurale des sons que dans les domaines de la grammaire proprement dite et de la sémantique (le *contenu* du langage), où l'on cherche maintenant de plus en plus à tirer profit des expériences méthodiques faites au cours de l'analyse de l'*expression* linguistique. Mais c'est là encore un exemple de l'intérêt purement scientifique de la phonétique.

L'enseignement de la diction. — A l'époque actuelle, la langue parlée a pris une importance inconnue autrefois. Grâce à des inventions comme le téléphone, la radio, le phonographe, le haut-parleur, les magnétophones et le film sonore, la langue parlée remplace de plus en plus la langue écrite. Il faut savoir parler — et bien parler — pour atteindre son public et pour gagner l'influence qu'on désire. La façon dont on prononce n'est plus l'affaire privée de celui qui parle mais une chose qui intéresse tous ceux qui écoutent les messages des politiciens, des savants, des artistes et des représentants officiels de la société. Le public n'est plus, comme autrefois, un petit groupe de parents, d'amis ou de voisins, réunis tout au plus à quelques mètres de distance autour de celui qui parle. Les auditeurs peuvent être comptés par milliers et par millions.

La *diction* — l'art de bien prononcer — a pris une place importante dans l'enseignement moderne et mériterait sans doute une attention encore plus grande. La phonétique est la base nécessaire de tout enseignement de ce genre. Il faut connaître le mécanisme de la respiration et le fonctionnement de la glotte pour apprendre à ses élèves la maîtrise de la phonation. Une mauvaise respiration et une voix rauque gênent l'auditeur et fatiguent celui qui parle. Il faut connaître à fond le travail articulatoire de la langue, des lèvres, du voile du palais, etc., pour pouvoir corriger les fautes de prononciation de toutes sortes que l'on rencontre chez un grand nombre de personnes — enfants et adultes. C'est en principe la *phoniatrie* qui s'occupe de tous les phénomènes pathologiques de la prononciation, que ceux-ci soient de caractère articulatoire (dus à des imperfections anatomiques, ou à de mauvaises habitudes), ou qu'ils s'expliquent par des troubles centraux (phénomènes d'*aphasie*) ou par une audition imparfaite. Mais le traitement des phénomènes phonétiques pathologiques suppose nécessairement une connaissance de la phonétique normale. Celui qui veut corriger un *s* anormal chez un élève, ne pourra y parvenir que s'il connaît les caractéristiques physiques et physiologiques d'un *s* normal. La phoniatrie n'est qu'un aspect particulier de la phonétique, à savoir l'application de celle-ci au traitement des imperfections et des maladies du langage articulé.

La prononciation des langues étrangères. — L'enseignement des langues étrangères est aussi un domaine où la phonétique a une très grande importance pratique. Celui qui veut apprendre à bien prononcer une langue étrangère, devra acquérir d'abord la maîtrise d'un grand nombre d'habitudes articulatoires nouvelles (une nouvelle base articulatoire ; voir p. 82). Il doit s'habituer à articuler les sons étrangers exactement comme on le fait dans la langue en question et ne doit pas continuer à se servir des habitudes propres à sa langue maternelle. Il ne faut pas croire qu'il s'agisse seulement d'apprendre quelques sons nouveaux et, pour le reste, utiliser les sons déjà connus. C'est tout un *système d'habitudes articulatoires*, y compris l'intonation et l'emploi des accents expiratoires, qui sera remplacé par quelque chose de nouveau. Sans une connaissance profonde de la phonétique des deux langues en question, le professeur de langues n'arrivera jamais à apprendre à ses élèves une prononciation parfaite de la langue nouvelle.

Nous avons vu plus haut qu'une langue est un système de phonèmes et de prosodèmes et que la structure de ces systèmes diffère d'une langue à l'autre. Les uns sont plus riches, les autres plus pauvres. Ni le nombre, ni le genre de distinctions utilisées ne sont les mêmes d'une langue à l'autre. Celui qui, partant d'un système vocalique pauvre, doit arriver à maîtriser un vocalisme plus riche, est par conséquent obligé d'apprendre à utiliser des distinctions acoustiques et physiologiques qui, dans sa propre langue, n'ont pas de valeur fonctionnelle. Un Italien apprenant le français doit apprendre à se servir de la labialisation comme trait distinctif. L'Espagnol apprenant l'anglais est obligé d'apprendre à faire une distinction consciente entre un *d* occlusif et un *d* spirant. Un étranger qui apprend le suédois s'habituera à se servir de l'accent musical comme trait constitutif du mot et à opposer un mot avec l'accent 1 à un mot avec l'accent 2. Ce sont là des difficultés qui, en principe, ne sont plus du domaine articulatoire. Ce n'est pas l'articulation labiale, ni la prononciation spirante du *d*, ni l'intonation comme telle qui, dans nos exemples, constituent la difficulté pour l'étranger. C'est l'emploi d'un *système* phonique différent. Il va sans dire que cet aspect de l'apprentissage d'une prononciation étrangère suppose une analyse des deux systèmes en cause et une connaissance profonde de la structure fonctionnelle aussi bien de la langue à apprendre que de celle de l'élève.

Le problème est en principe le même pour celui qui parle un patois ou qui, ayant un fort accent régional ou vulgaire, veut s'en débarrasser pour apprendre la « bonne » prononciation. Plus la différence est grande entre la prononciation régionale et la prononciation officielle — au point de vue des habitudes articulatoires et au point de vue du système fonctionnel — plus la difficulté est grande et plus les connaissances phonétiques sont nécessaires.

L'invention de différents systèmes de transcription phonétique — et surtout la création de l'alphabet phonétique international, utilisé par l'Association phonétique internationale (fondée en 1886 par le phonéticien français Paul Passy) — a fait beaucoup progresser l'enseignement phonétique des langues étrangères. La transcription phonétique permet à l'élève de se débarrasser de l'orthographe et de se concentrer sur la réalité phonétique. L'écriture phonétique tend à créer une harmonie aussi parfaite que possible entre le texte et les sons. Seulement, il n'y a que les voyelles et les consonnes, ainsi qu'un nombre restreint de faits prosodiques, qui figurent dans un texte transcrit phonétiquement. Tous les petits détails de phonétique combinatoire, l'intonation de la phrase et les faits rythmiques — qui sont tous si importants pour l'impression générale que donne une langue au point de vue phonétique — y manquent le plus souvent complètement, ou sont tout au plus indiqués de façon sommaire. Ce fait explique peut-être en partie pourquoi, dans la phonétique scolaire traditionnelle, les voyelles et les consonnes ont toujours occupé plus de place que les faits prosodiques (intonation, accents, etc.).

A l'époque actuelle, on commence à utiliser de plus en plus les nouvelles inventions techniques, telles que la radio, le phonographe et le magnétophone, dans l'enseignement de la prononciation. Les élèves peuvent maintenant entendre les voix de gens du pays prononcer les groupes et les phrases et se faire ainsi tout de suite une idée de l'image acoustique qui correspond au texte imprimé. En outre l'élève peut faire enregistrer sa propre voix et comparer sa prononciation avec celle de la voix indigène. Il s'aperçoit ainsi beaucoup mieux de ses propres fautes. Il va sans dire que la même méthode s'emploie aussi avec beaucoup de succès dans l'enseignement de la diction et dans la correction des fautes de prononciation dans la langue maternelle.

La langue des sourds-muets. — L'application de la phonétique à l'enseignement des sourds-muets est aussi, on le conçoit aisément, d'un intérêt pratique capital. L'homme atteint de surdité (celui qui est né sourd comme celui qui l'est devenu avant l'apprentissage de la parole) en est réduit, pour apprendre les articulations nécessaires à la réalisation des phonèmes, à se servir de son seul sens musculaire. Il lui manque en effet cette aide permanente de l'oreille qui, chez une personne d'audition normale, contrôle et guide le travail articulatoire. Il est donc évident que le professeur qui apprend à parler à des enfants sourds doit connaître à fond tout l'aspect physiologique de la phonétique.

Un très grand nombre de sourds ne sont pourtant pas privés de toute possibilité de percevoir des vibrations sonores. Il leur reste quelques traces d'audition dont le médecin et le pédagogue doivent s'efforcer de tirer parti. Il arrive souvent qu'une personne partiellement sourde n'entende que certaines fréquences à l'exclusion de certaines autres. Il faut dans des cas de ce genre connaître l'acoustique des sons du langage pour savoir ce qu'une telle personne peut percevoir dans le spectre d'un son donné, et pour savoir quelles fréquences il faudra renforcer afin que les sons du langage lui deviennent reconnaissables et que les distinctions lui soient assez nettes pour une identification correcte des phonèmes.

La phonétique et l'audiologie travaillent actuellement ensemble à résoudre les problèmes que posent les sourds et les durs d'oreille.

La transmission sonore. — Ce n'est que tout récemment, à la suite des découvertes faites ces dernières années en phonétique acoustique (voir plus haut, pp. 98-99), que les techniciens de la transmission sonore se sont mis à s'intéresser à la phonétique proprement dite. Quand on a à construire un appareil susceptible de transmettre, d'une façon ou d'une autre, le langage parlé — que ce soit un microphone, un téléphone, un phonographe ou un haut-parleur — on est bien obligé de connaître l'acoustique des voyelles et des consonnes si l'on veut disposer le mécanisme de façon à pouvoir rendre toutes les vibrations caractéristiques de ces sons. Nous avons vu plus haut que toutes les fréquences qui se retrouvent dans les spectres obtenus n'ont pas la même importance pour le caractère du son. Ce sont les formants qui en garantissent l'identité et qui différencient les sons les uns des autres. L'ingénieur du son s'intéressera donc surtout à la question de savoir quelles sont les fréquences nécessaires à l'identification des phonèmes et lesquelles ne le sont pas. Celles-là doivent nécessairement être transmises par l'appareil, celles-ci sont insignifiantes et peuvent être négligées. La connaissance des faits de phonétique acoustique peut grandement faciliter le travail de l'ingénieur.

Par une coïncidence intéressante, l'ingénieur du son tâche donc, de son côté, de déterminer pour chaque son les mêmes traits distinctifs que recherche le linguiste, lorsqu'il essaie d'établir le système fonctionnel (structural) de la langue en question. C'est en partant de points de vue entièrement différents que la technique du son et l'analyse structurale du langage se sont rencontrées dans une intention commune : la recherche des phénomènes qui, dans le langage articulé, sont porteurs de la signification. En ce moment, les linguistes et les techniciens collaborent intimement, en particulier aux Etats-Unis, afin de résoudre ensemble les problèmes que pose la langue parlée. La phonétique est ainsi devenue une science éminemment utile dans un domaine de plus, domaine tout nouveau et qui n'avait eu jusqu'ici aucun rapport avec la linguistique. Les limites traditionnelles entre les différentes matières scientifiques ont cessé d'exister.

BIBLIOGRAPHIE SOMMAIRE

PHONÉTIQUE GÉNÉRALE

GARDE (É.), *La voix*, « Que sais-je ? », n° 627 (Presses Universitaires de France), Paris, 1954.

GRAMMONT (M.), *Traité de phonétique*, Paris, 1933.

JAKOBSON (R.), FANT (G.), HALLE (M.), *Preliminaries to Speech Analysis*, Massachusetts Institute of Technology, 1952.

MALMBERG (B.), *Structural Linguistics and Human Communication*, Springer-Verlag, Berlin-Heidelberg, 1963.

MARTINET (A.), *Phonology as Functional Phonetics*, Londres, 1949.
— *Économie des changements phonétiques*, Berne, 1955.

MOLES (A.) et VALLANCIEN (B.), etc., *Phonétique et phonation*, Paris, 1966.

TARNEAUD (J.), *Traité de phonologie et de phoniatrie*, avec la collaboration de S. BOREL-MAISONNY, Paris, 1941.

TROUBETZKOY (N. S.), *Principes de phonologie*, traduits par J. CANTINEAU, Paris, 1949.

ACOUSTIQUE ET AUDIOLOGIE

GRANIER (J.), *Les phénomènes vibratoires*, « Que sais-je ? », n° 323 (Presses Universitaires de France), Paris, 1949.

GRIBENSKI (A.), *L'audition*, « Que sais-je ? », n° 484 (Presses Universitaires de France), Paris, 1951.

LAFON (J.-Cl.), *Message et phonétique*. Presses Universitaires de France, Paris, 1961.

MATRAS (J.-J.), *Le son*, « Que sais-je ? », n° 293 (Presses Universitaires de France), Paris, 1948.

OLÉRON (P.), *Les sourds-muets*, « Que sais-je ? », n° 444 (Presses Universitaires de France), Paris, 1950.

PHONÉTIQUE FRANÇAISE

BOURCIEZ (E.), *Précis historique de phonétique française*, 8ᵉ édit., Paris, 1945.

BRUNEAU (Ch.), *Manuel de phonétique pratique*, 2ᵉ édit., Paris, 1931.

DAUZAT (A.), *Phonétique et grammaire historiques de la langue française*, Paris, 1950.

FOUCHÉ (P.), *Phonétique historique du français*, Introduction, Paris, 1952.
— *Traité de prononciation française*, Paris, 1956.

GOUGENHEIM (G.), *Eléments de phonologie française*. Etude descriptive des sons du français au point de vue fonctionnel, Paris, 1935.

MALMBERG (B.), *Le système consonantique du français moderne*, Etudes de phonétique et de phonologie, Lund, 1943.

MARTINET (A.), *La prononciation du français contemporain*, Paris, 1945.

STRAKA (G.), *Système des voyelles du français moderne*, Strasbourg, 1950.
— *La prononciation parisienne. Ses divers aspects et ses traits généraux*, Strasbourg, 1952.

LINGUISTIQUE GÉNÉRALE

PERROT (J.), *La linguistique*, « Que sais-je ? », n° 570, P. U. F., 1953.

TABLE DES MATIÈRES

	Pages
Introduction	5
Chapitre Premier. — Phonétique acoustique	7
— II. — Phonétique physiologique	24
— III. — Types articulatoires	34
— IV. — Les voyelles	38
— V. — Les consonnes	45
— VI. — Le classement des sons du langage	61
— VII. — Phonétique combinatoire	64
— VIII. — La quantité	84
— IX. — Les accents	91
— X. — Phonétique expérimentale	98
— XI. — Phonologie ou « phonétique fonctionnelle »	103
— XII. — La phonétique évolutive	111
— XIII. — Importance et applications pratiques de la phonétique	120
Bibliographie sommaire	127